図解

いちばんやさしい三大宗教の本

沢辺有司

彩図社

はじめに

世界にはたくさんの宗教がありますが、なかでも**「三大宗教」**といわれるのが、**仏教・キリスト教・イスラム教**です。

では、なぜこの3つが「三大宗教」かというと、信者数の規模が大きいというのもありますが、一番のポイントは**「だれでも入信できる」**ということです。

仏教・キリスト教・イスラム教の3つの宗教は、入信するのに、人種・民族・国籍・階級を問わないことになっています。だから世界的な宗教になりました。

ロシアでも中国でも、最近ではベトナムでも、マクドナルドのハンバーガーを食べることができるようになりましたが、これといっしょで、だれでもこの3つの宗教に入ることができます。いま風にいえば、マクドナルドのようなグローバル化政策をとったことが、この3つの宗教が世界で爆発的に広まる大きな要因となったのです。

日本は、仏教との関わりがもっとも深いですが、ハロウィンやクリスマスなどキリスト教の文化も身近になりました。もちろん、多くのキリスト教信者がいます。

イスラム教はどうかというと、日本は資源を確保するために中近東のイスラム諸国と仲良くしなければいけないし、また、最近の度重なるテロや内戦のニュースを理解するためにも、大事な教養にあたるのではないかと思います。


ということで、本書では「三大宗教」を改めて理解したいという方にむけて、図解を交えながら、1つ1つていねいな解説を試みています。

どんな教えになっているのか、だれが創始したのか、神のこと・世界のこと・来世のことをどう考えているのか、聖典には何が書かれているのか、どうやって発展してきたのか、どんな対立があったのか、現代の課題は何なのか――。

このような切り口から見ていきます。たんに教えを紹介するというよりは、それぞれの宗教の本質に迫る内容となっているかと思います。

これまで人類は宗教と無関係に生きることはできませんでした。これからもきっとそうでしょう。宗教を通して物事を見ることで、この世界はよりクリアに見えてくるのではないかと思います。

図解　いちばんやさしい三大宗教の本　目次

第二章 いちばんやさしいキリスト教の話……99

第三章 いちばんやさしいイスラム教の話

本文イラスト　梅脇かおり

第一章

いちばんやさしい仏教の話

【悟りを開いてブッダ（仏）になる】

仏教とは何か？

Buddhism No.1

生きているうちに仏になる

まず仏教の教えとは何か？

実はこれを一言で言い表すのは簡単ではありません。日本人ならば、「死後、浄土（天国）での再生を願うもの」というのが、一番ピンとくる答えかもしれません。

しかし、開祖である仏陀（ブッダ）は、「人間が死後に浄土で再生する」などということは一言も言っていないし、浄土という考え方も見せていません。そもそも人間の死後のことには関心がありませんでした。

仏教とはどのような宗教なのか？

死後、浄土（天国）での再生を願うものではない……

死後のことにこだわるな

ブッダは死後のことは何も言っていない

↓

仏教は「ブッダ＝悟った人」になるための教え

ブッダは、死に際に、**「死後（死者）のことにこだわるな」**とさえ言っています。

では、ブッダのもっとも根本にある教えは何だったのでしょうか？

「ブッダ」とは、インドでは、「悟った人」という意味の一般名詞です。

ゴータマ・シッダールタという名前の人物が、悟りを開いたため、「ブッダ」と呼ばれるようになったのです。

ちなみに、彼以前にも、ブッダと呼ばれる人々がいたという信仰（過去仏《かこぶつ》）が残っています。ただ、歴史的には誰だったのかは、よくわかっていません。

さて結論としていえば、仏教は**「ブッダ（＝仏）になるための教え」**といえるでしょう。悟りを開けば、だれでもブッダになれるわけです。

中国で完成した禅の教えでは、人間はもともと仏であるとされています。この禅の教えに照らし合わせれば、仏教は「人間がもともと仏であることに気づくための教え」といえます。

日本では、「死んで仏様になる」と考えられています。死んだら、だれでも仏様になることができます。しかしこれはもともとの教えとはズレているのです。本来は、「生きているうちに、どうやったら、仏であることに気づくことができるか」という教えだったのです。

仏教の核心は四諦にあり

では、どうやったら、仏であることに気づくことができるのか？

それを説いたのが、**「四諦《したい》・八正道《はっしょうどう》」**で、ブッダの教えの核心にあたります。

ブッダは、悟りを開いたあとに、最初に5人の修行者に教えを説いていますが（初転法輪《しょてんぽうりん》、P28参照）、そのときに教えたのが四諦でした。

四諦では、苦→集《じゅう》→滅→道《どう》という流れで、4つの真理を説いています。

「苦」とは、人生は苦しみであるということです。その苦しみには、生きること、老いること、病気になること、死ぬこと、という4つ（四苦）があります。

さらに、愛する者との別れ、憎む者と会うこと、求めるものが手に入らないこと、感情にとらわれること、の4つを加えて、**「四苦八苦」**となります。それらの苦しみは、欲望が満たされることを求めてやまない心（煩悩）によって集められています。これを教えてくれるのが「集」です。苦しみの原因が煩悩であるということは、煩悩を消滅させれば、苦しみから解放され、悟りが開けるのではないか。そう考えるのが「滅」です。

では、どうすれば、煩悩を消滅させることができるのでしょうか？　正しい生活＝修行を行うのです。これが「道」です。ブッダは、道（＝修行）として、8つの正しい方法を説きました。これが「八正道」にあたります。つまり、四諦の1つとして八正道がある、という構成になっています。八正道では、欲望へのこだわりを捨て、苦しみが消えるように、簡素で私心のない生活を送るように説かれています。

ライフスタイルを提案した

さて、ここで4つの真理（＝四諦）を見るときのポイントとなるのは、「道」が最後にきていることでしょう。

先にふれたように、仏教の教えが、「生きているうちに、どうやったら、仏であることに気づくことができるか」という点にあるとすると、煩悩を消滅させ、苦しみを消し、悟りを開いた（＝仏であることに気づいた）という感覚が得られれば、それで目的達成といえます。

ところが、いちどその感覚を得ても、修行をやめて、物欲にまみれた堕落した生活に戻ったら、その感覚を失ってしまう恐れがあります。

これでは意味がありません。大事なのは「道」です。つねに修行をすることです。

言い換えると、悟りを開くこと、ブッダになることよりも、そこに向けてつねに正しい生活を送ること、正しい生き方をすることのほうが、はるかに意味があるということです。

ここにブッダの教えの本質があります。**正しい生き方をすることにこそ、人間としての意味がある**ということです。それは、煩悩を排した聖人になるためでもなく、死後に天国に行くためでもないのです。

人間としての生き方、人間としてあるべきライフスタイルを提案した宗教、これこそが仏教といえます。

【人間の苦しみには原因がある】

縁起《えんぎ》の教え

Buddhism No.2

縁起とは因果関係のこと

ブッダの教えで、「四諦・八正道」とともに、重要なもう1つの教えが、**「縁起《えんぎ》」**の原理です。

縁起とは、因果関係といったらわかりやすいでしょう。

物事には必ず原因と結果があるという考え方です。

アサガオの花が咲いたとします。

このとき花は、自分だけで勝手に咲いたのではありません。種があって、土から養分をもらい、水があって、太陽の光を浴びるという「原因」があってはじめて、花が咲くという「結果」に結びつきました。

これを仏教の「縁起」の言葉で置き換えると、種が「因《いん》」で、それに働きかける土や水や光が「縁《えん》」、結果として咲いた花を「果《か》」といいます。

このように「因」と「縁」があってはじめて「果」があると考えるのが縁起です。ひとりでに起きていると思われることも、じつはすべて何らかの因縁（原因）があるのです。

反対にいうと、この世の中で、それ自体が単独に存在しているものは1つもないということです。すべてのものは、お互いに関係し合いながら成り立っているということです。

すべては相互依存的に存在しているということです。

十二の因縁がある

ブッダは、「縁起」の原理を、「苦」にあてはめて考えました。

人生は苦しみです。でもこの苦しみは、はじめから絶対的にあるのではなく、苦しみを引き起こした因縁（原因）が必ずあります。その因縁を取り除くために、「道」を究めます。すると苦しみから解放されます（＝悟りが開ける）。このことを一般的にわかりやすく説い

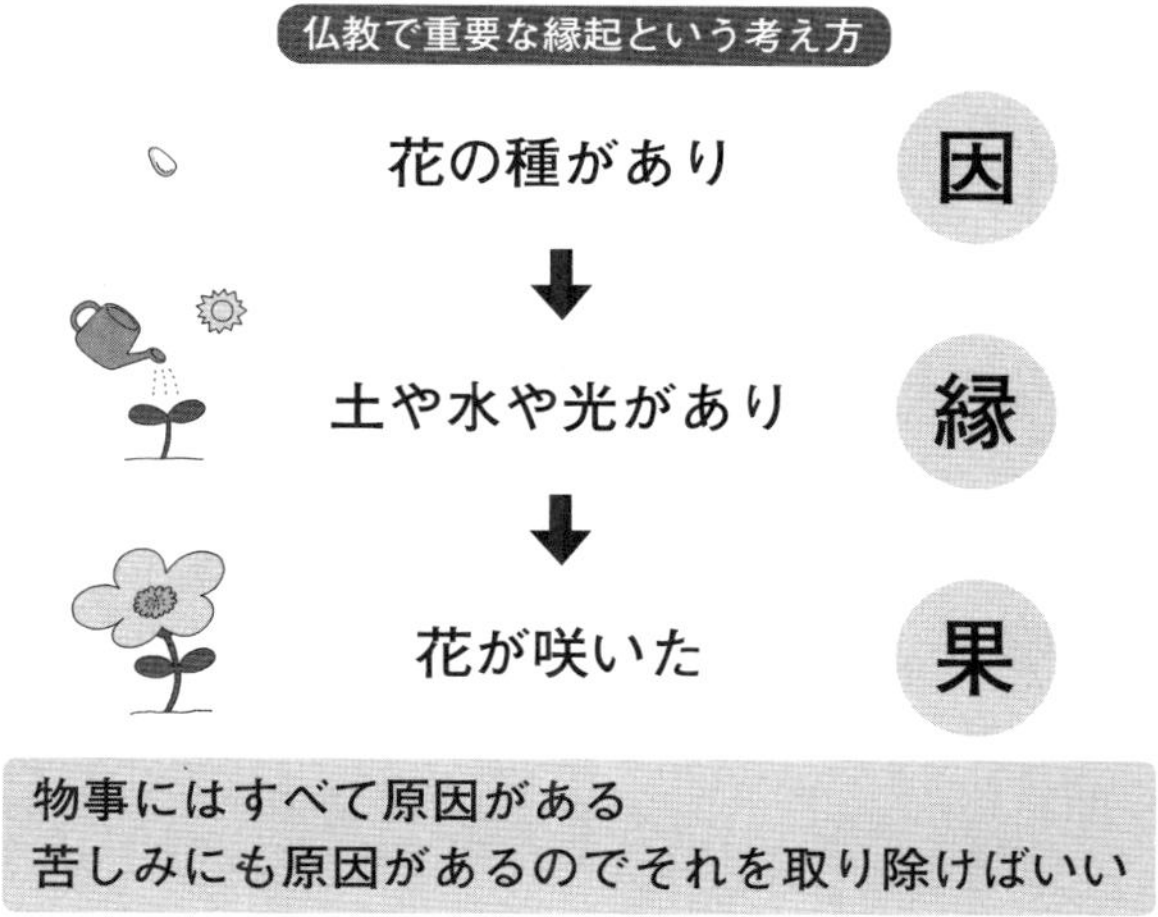
仏教で重要な縁起という考え方
花の種があり
因
土や水や光があり
縁
花が咲いた
果
物事にはすべて原因がある
苦しみにも原因があるのでそれを取り除けばいい

たのが、すでに見た「四諦・八正道」でした。

　では、苦しみの原因とは何か？　苦しみはどうやって起きているのか？

　ブッダはこれを突き詰めて、「十二縁起」という形であらわしました。

「十二縁起」とは、十二の因縁を生成の順番で見せたものです。

「十二縁起」は、無明・行・識・名色・六処・触・受・愛・取・有・生・老死です。

　無明から老死まで、それぞれは単独に成り立っているのではなく、互いに関連し合って成り立っていると考えます。

「十二縁起」はよくできています。順観で追っていくときは、苦しみが生じるプロセスになっています。苦しみがどうやって起きるのかが、解き明かされます。

一方、逆観で追うこともできます。このときは、苦しみがなくなる（滅）ときのプロセスということです。

現象があるだけで実体はない

「十二縁起」について、さらに突き詰めて考えてみましょう。

縁起の原理に見られるように、**あらゆるものは、同じ状態にとどまることなく、常に移り変わります。**これを**「無常《むじょう》」**といいます。

そして、老いて死ぬことも、生きることも、欲望することも、すべては原因があって起きているということですから、それぞれの現象だけ見て思い悩んでいても意味がありません。

あらゆる現象は縁起の原理によって起こっているだけです。現象としてあるだけで、実体はなにもないということで、このことを**「空《くう》」**といいます。

「空」の考え方は、「無我《むが》」とも言い換えることができます。

この世のあらゆる存在には「我」（実体や本質といったもの）はない、という考えで、仏教の中心的なテーマとなっています。

インド仏教では、「我」を否定します。難行苦行や瞑想によって「我」を否定し、一切の執着から自由になったとき、悟りの訪れ＝「涅槃《ねはん》」に至るとされます。

以上のことから、仏教の教義ともいえる、根本思想を3つにまとめることができます。

1つが「諸行無常」です。物事はすべて移り変わりとどまることがない、ということです。『平家物語』の冒頭「祇園精舎の鐘の声　諸行無常の響きあり」で知られる世界です。

2つ目が、「諸法無我」です。この世のあらゆる存在には「我」（実体や本質といったもの）はなく、縁によって互いの関係のなかで成り立っている、という考えです。

3つ目が、「涅槃寂静《ねはんじゃくじょう》」です。苦しいことや煩悩がなくなった境地は静かで安らげる状態であるということです。

以上を「三法印《さんぼういん》」といいます。生きることは苦しみであるが、諸行無常と諸法無我を受け入れ、理解しておくことで、安らかに生きていけることを説いています。

ちなみに、この世のなかのことはすべて苦しみであるとする「一切皆苦《いっさいかいく》」を加えて、「四《し》法印《ほういん》」と呼ぶこともあります。

この三法印（四法印）は、のちの時代になっても、仏教の根本思想と考えられました。

【釈迦族の王子は出家してブッダとなった】

ブッダの生涯

Buddhism No.3

釈迦族は賤民だった!?

のちにブッダと呼ばれることになる、ゴータマ・シッダールタは、紀元前5～4世紀頃（一説には紀元前463年）、**北インドの釈迦《しゃか》族の王子**として生まれました。

ここから「釈迦」「釈尊」といったり、敬意を込めて「釈迦牟尼《むに》」といいます。

「王子」というと、高い身分のように思えますが、最近の研究では、彼がどれほど高い身分にあったかには疑問が付されています。

まず、当時のインドの状況をスケッチしておきましょう。

紀元前13世紀頃、アーリア人がインドに侵入してきました。アーリア人は西洋人と同じ系統の人種で、彼らは、東洋系の先住民族や辺境の諸民族を支配しました。アーリア人が、先住民族を支配するために作り出したのが、**バラモン教**です。バラモンと呼ばれる僧侶階級を頂点にした階級制度で、のちのカースト制度につながるものです。

さて釈迦族は、現代の地図からいえば、ネパールのあたりにいました。支配民族のアーリア人からは、辺境の劣等民族と見なされていたようです。

仏教文献では、釈迦族は第二階級であるクシャトリヤ（王族と武士）とされますが、バラモン教の文献によると、第四階級のシュードラ（賤民）と書かれています。しかも釈迦族は、アーリア人のコーサラ国によって根絶やしにされたといいます。

ちなみに、そのコーサラ国は、インドを統一したマガダ国によって滅びるのですが、マガダ国はブッダに帰依し、仏教を全インドに広める役割を担いました。

生まれたときには歩いていた!

ということで、ブッダの生涯はさまざまに脚色されていて伝説の域を出ないのですが、ポイントはおさえておきましょう。

ある夜、マーヤー夫人が、右脇から金色の牙をもつ白い象が胎内に入ったという夢を見ました。これが受胎の証とされています。そして、無憂樹（アショーカ樹）のもとで、夫人の右脇からブッダは生まれ落ちました。**生後すぐに立って7歩歩くと、「天上天下唯我独尊《てんじょうてんがゆいがどくそん》（宇宙のなかで私よりも尊いものはない）」と告げました。**

母親はブッダを生んで7日後に亡くなり、母親の妹に育てられます。16歳になると、一族の娘と結婚し、子どもをもうけ、表向きは幸せに暮らしました。

しかし、老い、病、死の悩みが深かったブッダは、あるとき城外へ出かけようとすると、東門で老人、南門で病人、西門で死人に出会い、北門を出てみると、出家者に出会い、気持ちが晴れた思いがしたといいます。

このエピソードは、**「四門出遊《しもんしゅつゆう》」**と呼ばれています。

悟りは快楽と苦行の間にある

決意を固めたブッダは、29歳で出家しました。

ブッダはこうして悟りを開いた

紀元前５～４世紀頃、
北インドの釈迦族の王子として生まれた

↓

29歳のとき、
その身分を捨てて出家をした

↓

厳しい修行では悟ることはできず
「苦行」を捨て「中道」に気づくことで
35歳のとき、悟りを開いた

妻子をおいて出家というと、あまり褒められた行動とは思えません。しかし当時のバラモン教では、家を出て修行を重ねることが社会的に認められていたので、ブッダだけが変わっていたわけではありません。

いまのインドにも、仕事や子育てが一段落したあと、遊行期として、ひとり旅に出て、瞑想や聖地巡礼を行う人たちがいます。いわば聖者への道を歩む人たちで、仏教ではこうした修行者を「阿《あ》羅《ら》漢《かん》」といいます。

ブッダは、各地の仙人の門を叩いて、修行したり、苦行を行いました。炎天下を裸で過ごしたり、片足のまま立ち続けたり、何十日も絶食したりして、しまいには生ける骸骨のようになりました。

苦行は6年にも及びました。しかし悟りを得ることはできません。そこで自ら辿ってきた道を振り返ってみると、**悟りは、王宮での快楽にも修行での苦行にもない**と気づきます。これは、**「中道」**という考え方です。

そこで、苦行を捨て、ネーランジャラー川のほとりで身を清め、村娘スジャータの乳粥で体を癒し、菩提樹のもとで瞑想をはじめました。このとき、悪魔の軍団があらわれ、嵐を起こし、3人の娘を差し向けて誘惑したといいますが、彼の心は揺るぎませんでした。

瞑想に入って7日目の満月の夜、ついに悟りを開きます。ブッダ、35歳のときのことです。

ブッダは、その悟りが奥深いもので、人々に理解してもらうのは難しいのではないかと思い、布教することは躊躇します。悟りの境地のまま死のうと思いました。ところが、バラモン教の神ブラフマー（梵天）が現れ、「生ある限りその真理を広めよ」と告げます。

そこでブッダは、鹿野苑《ろくやおん》に赴き、苦行時代をともにしたことがあった5人の修行者に教えを説きます（初転法輪）。5人は同じように悟り、ブッダに帰依します。

ブッダ、そして彼ら5人は伝道活動をはじめ、たちまち１０００人の弟子が集まったといいます。ブッダは80歳で亡くなりましたが（入滅）、そのときまで、伝道活動をつづけました。

【生きているものはすべて、生死を繰り返す】

仏教の死生観

Buddhism No.4

動物に生まれ変わるかも？

仏教の説く死生観は、古代インド社会に浸透していたバラモン教の影響をうけています。

バラモン教では、人間の本質は霊魂であるため、死んでも何度も何度も生まれ変わる**「輪《りん》廻《ね》転《てん》生《せい》」**という考えが基本となっていました。

生まれ変わるといっても人間に生まれ変わるのではなく、生きているときの行為（カルマ・業）から判断されて、動物や植物に生まれ変わることもあります。

この輪廻のサイクルから抜け出す方法は、この世で善く生きることです。それによって輪廻から出ることができる、つまり**「解脱《げだつ》」**できると考えられました。

仏教は、このバラモン教の輪廻転生の思想を基盤としました。そのとき、輪廻転生先として6つのランクを用意し、「六道輪廻」という教えが生まれました。

その**「六道」**を上位ランクから見てみましょう。

最も苦が少ないのが「天道」です。ただ、天道にも死の苦しみはあります。

次に、ふつうの人間が住む世界で苦に満ちているのが「人間道」です。怒りや疑いに満ち、喧嘩や戦争が絶えない世界が「修羅道《しゅらどう》」です。人間以外の生物になり、人間に責め苦を受ける世界が「畜生道《ちくしょうどう》」です。常に飢えや渇きに苦しむのが「餓鬼道《がきどう》」です。そして、悪行を重ねた者が苦痛を与えられる世界が「地獄道」です。

このように6つのランクがあります。いま私たちは人間道にいますが、死後生まれ変わるときには、もっともランクの高い天道に行けるかもしれないし、動物になって虐げられるかもしれないし、あるいは地獄道に落ちるかもしれないのです。

とにかく、この六道を、ぐるぐる回りつづけないといけません。

ちなみに、**輪廻するのは、生きているものすべて（一切衆生《いっさいしゅじょう》）**です。なので仏教は、人間のみならず、動物や植物を含めたすべてを視野に入れた特異な宗教といえます。

仏教の輪廻とはどのような考え方か？

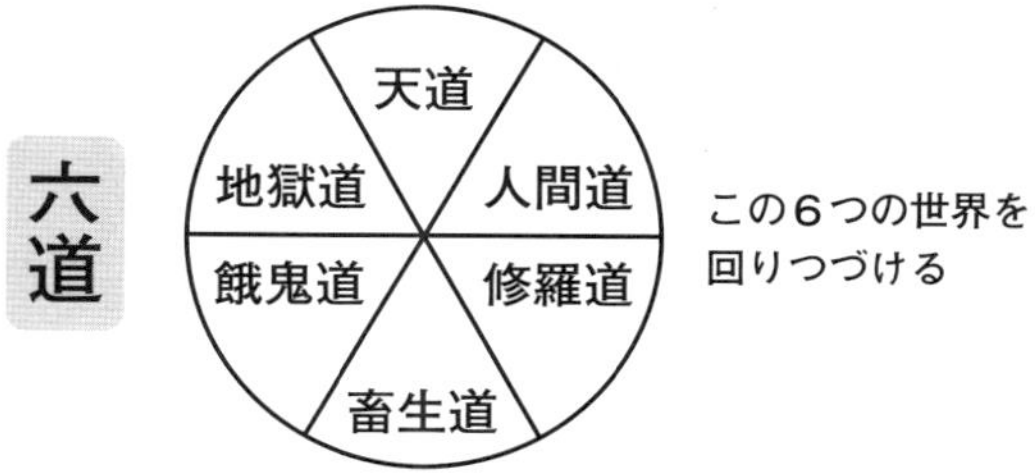

六道から抜けるためには
「解脱」しなければならない

仏教思想として馴染み深いがブッダの教えではない

冥土の旅で来世が判定される

死後どのように六道に至るのか？　仏教ではこの様子も描いています。

現世が終わったあと、すぐに来世があるわけではありません。現世と来世のあいだには、死後の世界＝冥土《めいど》があります。

死者は、冥土において49日間旅をします。この旅のあいだ、7日間ごとに7回、7人の裁判官によって裁判にかけられます。

そのあいだには三途《さんず》の川があり、第五法廷においては、お馴染みの閻魔《えんま》大王が登場します。

第七法廷において、すべての評価が統合

され、六道のいずれかに進むことが決まります。遺族が法事を営む四十九日に死者の行き先が下される、というわけです。

死者は何もわからないまま冥土を進むといいます。転生してはじめて、どの道に振り分けられたかがわかるのです。

ちなみに、冥土の旅にはなにかとお金がかかるといわれています。棺桶のなかにお金をそえる「六道銭《ろくどうせん》」という習慣はここから来ています。

輪廻から解放されよ！

ところで、六道の最高ランク「天道」に生まれ変わればいいかというと、そうともいえません。天道も六道のうちの1つでしかなく、輪廻の枠内にいます。天道も死の苦しみがあって、また生まれ変わらなければいけません。

では、どうすればいいかというと、「輪廻する世界」から抜け出て、「輪廻しない世界」に行くしかありません。

「輪廻する世界」と「輪廻しない世界」は、「此岸《しがん》」と「彼岸」、「煩悩の世界」と「涅槃《ねはん》の世界」

と対比することができます。「輪廻しない世界」は**「極楽浄土」**という言い方もされます。輪廻から解放されて二度と生まれ変わることのない、「輪廻しない世界」に行くことが、解脱であり、仏教では「悟りの訪れ」ということになります。

仏教では、人間が仏になる（＝悟りを開く）ことでしか、輪廻から解放される道はありません。つまりそれは、「四諦」の「道」であり、「八正道」を行うことでしか輪廻から解放される方法はないのです。

このような「輪廻転生」という死生観は日本人にも馴染み深いもので、仏教思想として定着しています。しかし前にもふれましたが、ブッダ自身は死後の世界について肯定も否定もしていません。ブッダとしては、死後のことは確かめようがないのだから、「考えてもしかたない」というスタンスでした。

わからない死後について考えるよりも、今の生のなかで悟りを開くことに邁進することが、もっとも重要なことでした。

輪廻転生思想が仏教に取り入れられたのは、ブッダの入滅後とされています。

そのため、厳密にはブッダの教えとはいえないのです。

【仏教は何百年もの間、口伝で広まっていた】

仏教の経典

Buddhism No.5

文字にしてはいけなかった

キリスト教の『聖書』やイスラム教の『コーラン（クルアーン）』にあたるのが、仏教では**「経典《きょうてん》」**です。「仏典」や「お経」ともいいます。

じつは仏教では、この**経典が文書の形になるまで、数百年**もかかりました。

これだけの年月を要した理由は、「尊いことは文字にしないで、声に出して伝えるとよい」というインド特有の伝統があったからです。

インドの伝統にしたがって、ブッダの教えは、口承によって伝えられていきました。ブッ

数多くの仏教の経典が生まれるまで

昔は口伝で広まっていたが
さまざまな考えが生まれて整理する必要が出てきた

↓

修行僧たちが集まり
経典を作ることになった
（第一回仏典結集）

↓

大乗仏教の発展とともにさまざまな経典が生まれた

般若経　華厳経　無量寿経　阿弥陀経　観無量寿経　法華経

ダの直弟子たちは、その教えを暗誦しては、各地に出かけ、人々に語りました。

　そのときいつも、「私はこのように聞いた」と切り出しました。漢語でいうと、「如是我聞《にょぜがもん》」になりますが、これはそのままお経の言葉になっています。

　さて、ブッダが入滅したとき、弟子の1人が、とんでもない爆弾発言をしました。

「これで師から自由になった」

　これを聞いた弟子の1人、マハーカッサパ（摩訶迦葉《まかかしょう》）は、弟子がこんな態度では、ブッダの教えが正しく伝わらないのではないか、と危機感を募らせました。

　そこでブッダの教えをしっかり確認しておくため、仲間で集まることにしました。

これが、**第一回仏典結集《けつじゅう》**といいます。聖者の境地に達している修行僧500人が集まりました（五百結集）。

ブッダは死に際して、

「私の死後は、私の説いた「法《ほう》」と「律《りつ》」を師とせよ」

という言葉を残しています。

そこで、弟子たちは「法」と「律」をいっせいに唱え（合誦《ごうじゆ》）、その正しい説をまとめました。

「法」とは、ブッダの教えと教えにまつわる真理や法を説いたものです。のちに文書化され「経蔵」となります。「律」は、仏教徒が守るべき規則や戒律を説いたものです。こちらものちに文書化されて「律蔵」となります。

仏教の経典『三蔵』がまとまる

仏典結集は、およそ100年ごとに開かれました。

仏典結集ではいつも、暗誦しやすくするために経典を読み上げるという**「読経《どきょう》」**という形がとられていましたから、やがて、簡潔、明快でリズムのよい韻文調になっていきました。

2回目は700人（七百結集）、3回目は1000人（千人結集）と、人も増えていきました。その3回目の仏典結集では、「論事」がまとめられました。これは弟子たちが作成したものので、ブッダの経典の重要部分をまとめたり注釈をほどこしたものです。のちに文書化されて「論蔵」になります。

さて、文書化が行われたのは、紀元前1世紀頃、第4回仏典結集のときだったと考えられています。クシャーナ朝カニシカ王が開いた仏典結集でした。

教えの内容や解釈を統一するためには、さすがに書き写しておかないとまずいだろう、ということになったのです。ここに「経蔵」「律蔵」「論蔵」の3つがまとめられました。この3つをあわせて**「三蔵《さんぞう》」**と呼びます。仏教の基本となる経典です。

ちなみに「三蔵法師」とは、この「三蔵」を究めた僧のことです。『西遊記』で知られる玄奘《げんじょう》もその1人。彼は、629年頃、中国からインドへお経をとりにいき、650以上の経典を中国へもたらすことに成功しています。

経典は、最初期はパーリ語で書かれていました。1世紀頃になると、インドで教養語として使われていたサンスクリット語（梵語《ぼんご》）に翻訳され、広まっていきます。

ところで、ちょうどそのころ、出家者だけでなく在家者も救われるとする、新しい仏教が興りました。**大乗仏教**です（詳しくはP39参照）。

大乗仏教からは、いくつかの新しい宗派が生まれ、各宗派独自の経典が生まれました。それが「般若経《はんにゃきょう》」「華厳経《けごんきょう》」「無量寿経《むりょうじゅきょう》」「阿弥陀経《あみだきょう》」「観無量寿経《かんむりょうじゅきょう》」「法華経《ほけきょう》」などです。いずれも2世紀頃に成立したと考えられています。これらの大乗仏教の経典は、ブッダが直接に伝えたという形をとっていますが、実際にはブッダの入滅後、数百年がたってから新たに作ったものなので、**創作的な要素が強い**といわれています。

ちなみに、『大蔵経《だいぞうきょう》』（または『一切経《いっさいきょう》』）といわれるものがありますが、これはあらゆるお経の総称で、仏教の経典全体を指す言葉です。『三蔵』は『大蔵経』の一部にあたります。たとえば、仏教が伝わった中国では、漢訳した経典を文献として整理して、統一の目録をつけてまとめました。これが『大蔵経』です。

『大蔵経』には、漢語版ばかりでなく、チベット語版、東南アジアなどに伝わったパーリ語版、また日本語版などがあります。時代によっても何度か整理され直しました。だから『大蔵経』とは、固定されたものではなく、各時代の各国語の仏典研究の成果といえます。

【原始仏教から分かれた2つの派閥】

大乗仏教と小乗仏教

Buddhism No.6

救いの乗り物の大きさが違う

仏教団の発展史をおさえておきましょう。

まず、ブッダの入滅から１００年ほどは、直弟子の布教の影響力が強かったこともあり、ブッダの教えは忠実に受け継がれていました。

このころは「原始仏教」の時代と呼ばれています。

しかしその後、**大きく2つの派閥に分裂**します。

１つは、**保守派で「上座部《じょうざぶ》」**と呼ばれます。原始仏教に忠実で、自分たち自身がブッダと同様の悟りをめざすものです。

もう1つは、**改革派で「大衆部《だいしゅぶ》」**と呼ばれます。自分たちはブッダに到底およぶものではないから、教えにそいつつも、むしろ自分たちの思索を深めようとするものです。

それからさらに400年ほどのあいだに、両派から分派して、計20もの部派（11の上座部と9つの大衆部）ができました。そのためこの時代は、「部派仏教」の時代といえます。

しかし考えてみると、これら20の部派は、保守派、改革派の違いはありますが、自分自身の悟りにのみ関心をもっていたという点では同じでした。

「救いの乗り物」にたとえれば、少人数しか乗れない乗り物を扱っていたのです。なので彼らのことはまとめて、**「小乗仏教」**と呼ばれることがあります。

一方、多数の人々を乗せることができる乗り物を考えたという点から、**「大乗仏教」**と呼ばれる一団があらわれました。それは、インド社会のなかで身分的に下位にいた、新興階級の商人たちを中心に広まった仏教で、より多くの人が救われる仏教でした。

ちなみに、「小乗」「大乗」という言葉だけ見ると、小乗のほうが劣っているように思えます。じつは**「小乗仏教」とは、大乗仏教の人たちがつけた蔑称にあたる**のです。

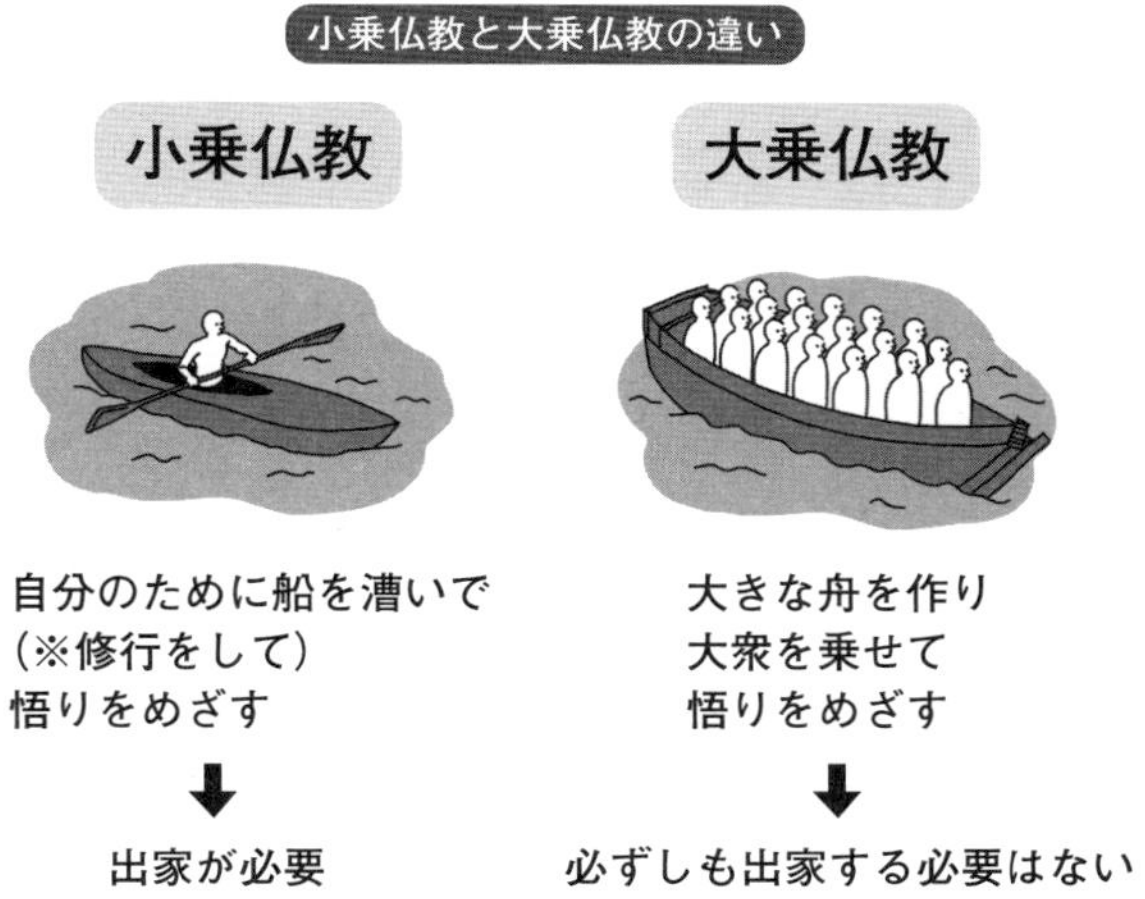
小乗仏教と大乗仏教の違い
小乗仏教
大乗仏教
自分のために船を漕いで
(※修行をして)
悟りをめざす
出家が必要
大きな舟を作り
大衆を乗せて
悟りをめざす
必ずしも出家する必要はない

南北に違う仏教が広まる

仏教は海外にも広まりました。

小乗仏教のうち、保守的な上座部仏教は、オリジナルのパーリ語の経典とともに、スリランカをへて、ミャンマー、タイ、ラオス、カンボジアなど、南のほうに伝わりました。なので**「南伝仏教」**といいます。

それに対し大乗仏教は、サンスクリット語の経典とともに中国にわたり、そこで漢訳され、また儒教や道教の影響を受け、朝鮮半島、さらに海を越えて日本へ伝わりました。ですので、こちらは**「北伝仏教」**といいます。

このほかにも、チベットや中国、日本に

伝わった**「密教」**もあります。

密教とは、秘密の教えによって成仏できるというものです。身（行動）・口（言葉）・意（心）の三業《さんごう》による即身成仏をめざすもので、具体的には、護摩《ごま》を焚くことで、人間的な感覚や雑念を抑制し、強制的に成仏できる、というものです。

仏教は多神教となった

では、小乗仏教と大乗仏教の違いは何でしょうか?

ブッダ以来の仏教では、悟りを開くためには、出家して修行する必要がありました。出家していない一般の信者（在家信者）は、彼らを財施や奉仕という形でサポートすることで、間接的に仏道修行にかかわっていました。南に伝わった上座部仏教は、いまもそのスタイルを受け継いでいます。東南アジアの僧侶たちは、昔ながらの厳しい修行・戒律を守って黙々と出家生活をつづけていて、一般の人々からの深い尊敬を集めています。

しかしこのスタイルには問題もあります。在家信者は、いくら仏道にかかわっていても、出家していないので、いつまでたっても仏にはなれないということです。

これに対し大乗仏教では、出家してもしなくても、在家信者であっても悟りが開け、救われるとしました。この大胆な教理の改革によって、一般の人々にも救いの道が開けたのです。ただ、なにもしなくても救われるということはありません。六波羅蜜《ろくはらみつ》という戒律を実践しなければいけない、としています（詳しくはＰ52参照）。

ところで、前にも述べたように、大乗仏教の考え方は、もともとブッダの言説にはないものでしたから、彼らは自分たちで新たな経典を作り出しました（Ｐ38参照）。

そのとき、それぞれの経典において、**教えを説く者として「如来」や「菩薩」という存在を置きました。**これが、各宗派の本尊にあたります。

「如来」は、真理の世界から教えを説くためにやってきた人です。薬師如来本願経の「薬師如来」、密教の「大日如来《だいにちにょらい》」などがいます。「釈迦如来」はブッダのことです。また「菩薩」とは、仏となる資格をもっていて、悟りをめざす存在です。「観音菩薩」や「弥勒菩薩《みろくぼさつ》」などがいます。このように、いくつもの神聖な存在がいることから、仏教は「多神教」という見方がされます。

これに対して上座部仏教は、原始仏教の教義・戒律に忠実であろうとするので、ブッダに対する絶対的な信奉があります。だから、こちらに限っていえば、「一神教」といえます。

【出家と在家の相互補完システム】

仏教の戒律

Buddhism No.7

戒律は修行者を煩悩から守る

仏教の信者が守るべき規則を**「戒律《かいりつ》」**といいます。インド仏教では、「戒」は信者が守るべき目標や生活習慣をさし、「律」は規則をさすとされます。

戒律は、出家と在家では違いますので、まず出家とはどのようなものかを見てみましょう。

出家とは、家庭を出て、一般的な生活から離れて、修行者になることです。

男性の出家者は「比丘《びく》（僧）」といい、女性の出家者は「比丘尼《びくに》（尼僧）」といいます。

出家者ははじめに戒律を守ることを誓います。そして出家の証として髪を剃り、僧団（サンガ）に入り、戒律を守りながら修行にはげみます。

ここで重要になる戒律は、ブッダが制定したものとされますが、その条文と解説は「三蔵」のなかの「律蔵」に書かれています。

戒律は10や20ではすみません。パーリ語仏典によると、**出家者の男性（比丘）には227、女性（比丘尼）には311という膨大な量の戒律**があります。覚えるだけでもたいへんです。

戒律を破った者は処罰を受けます。たとえば男性ならば、セックスをしたり、悟ってもいないのに悟ったと嘘をつくと、教団追放というもっとも重い罰を受けることになります。

出家者は、こうして厳しい戒律にしばられながら悟りをめざしますので、とても厳しい生き方を強いられているように見えるかもしれません。

でもじつは、さまざまな煩悩や執着から遠ざけ、修行者をガードする役割を果たしているのが戒律であると考えることもできるのです。

在家が出家の生活を支える

一方、出家せずにふつうの社会で生活を営む者は、在家信者です。

男性の在家は「優婆塞《うばそく》」、女性の在家は「優婆夷《うばい》」といいます。

在家信者の存在は、出家者にとってとても大事です。

出家者は、一般の人のように働くことなく、ただただ修行にはげみます。

しかしだからといって、飲まず食わずで生きてはいけません。そこで、食べ物をもらうために、鉢をもって在家をまわるのです。これが托鉢《たくはつ》です。

在家信者は食べ物を与えるだけでなく、さまざまな財物を施します（布施《ふせ》）。

在家信者にとっては、この布施によって功徳《くどく》を積むことができ、布施をうけた出家者はそれによって修行にはげむことができるのです。

このように**出家と在家の関係は、優れた相互補完システム**といえます。ブッダが編み出したこのシステムは、ブッダが苦行で骨と皮になり、セーナ村の娘スジャータの乳粥の供養を受けて、元気を取り戻し、やがて悟りに至った物語にもよく表れています。

ちなみに、出家にあたる「比丘」とは、サンスクリット語「ビクシュ」の音をそのまま漢字にあてたもので「食を乞う者（乞食者《こつじきしゃ》）」を意味します。

在家の「優婆塞」は、サンスクリット語「ウパーサカ」の音からきていて「仕える人」という意味です。つまり、もとの言葉を見れば、「食を乞う者」と「仕える人」の関係がすで

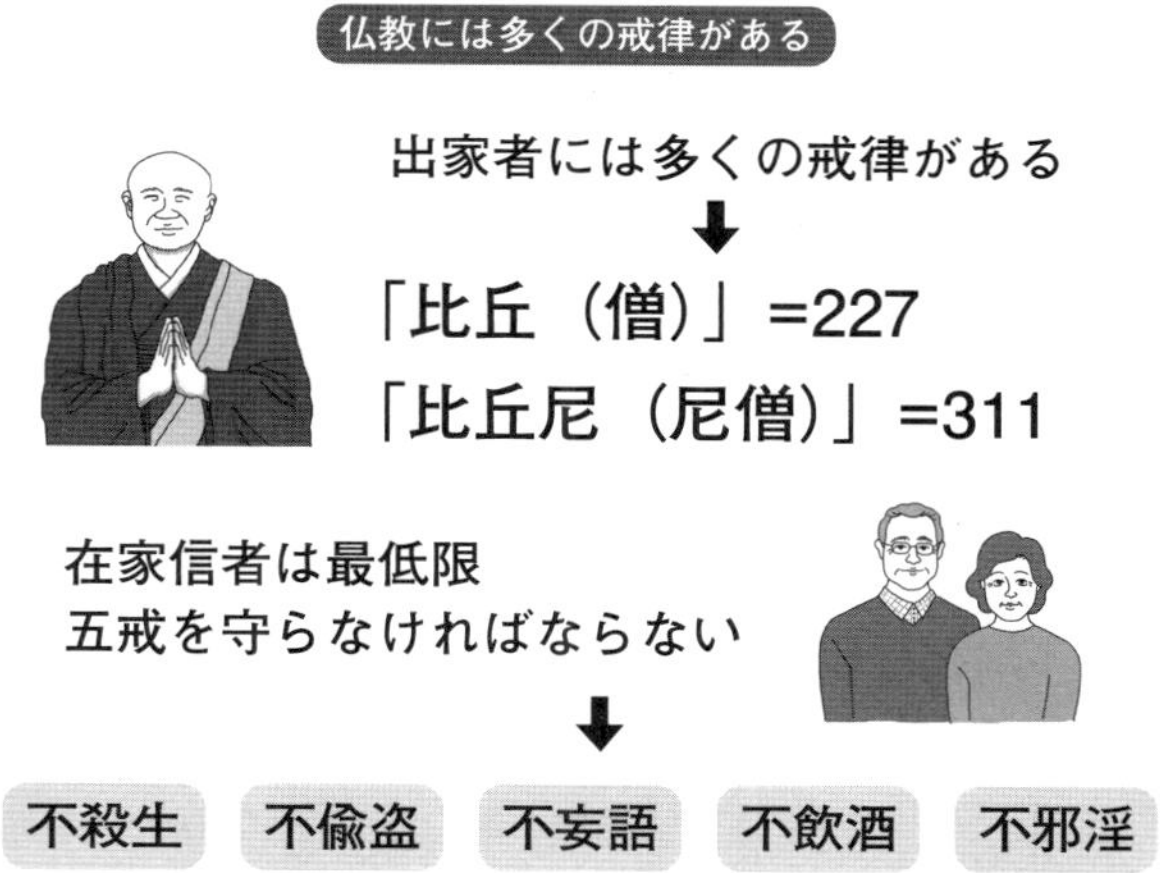

仏教には多くの戒律がある
出家者には多くの戒律がある
「比丘（僧）」=227
「比丘尼（尼僧）」=311
在家信者は最低限
五戒を守らなければならない
不殺生
不偸盗
不妄語
不飲酒
不邪淫

に明らかなのです。

在家でも酒を飲んではいけない？

在家信者の場合は、出家者のように多くの戒律を守る必要はないのですが、最低限の5つのルールとして**「五戒」**を守ることが求められています。

①不殺生：生きものを殺したり傷つけない。
②不《ふ》偸盗《ちゅうとう》：盗みをしない。
③不《ふ》妄語《もうご》：嘘をいわない。
④不《ふ》飲酒《おんじゅ》：酒を飲まない。
⑤不《ふ》邪淫《じゃいん》：淫らな性関係を結ばない。

さらに、毎月6回ある斎日（物忌みの日）

には、五戒のほかに次の3つを加えた「八斎戒《はっさいかい》」を守ります。
⑥不歌舞観聴《ふかぶかんちょう》：身を飾り立てたり、歌や踊りを見聞きしない。
⑦不坐高広大牀《ふざこうこうだいしょう》：豪華なベッドに寝ない。
⑧不非時食《ふひじじき》：昼を過ぎてから食事をしない。
このうち、④不飲酒は、ほかの宗教にはあまり見られない戒律ではないかと思います。なぜブッダは禁酒にしたのでしょうか？　ブッダの時代、バラモン教では、バラモン（僧侶）たちが神酒（ソーマ）を神々に捧げるとともに、自分たちも酒を飲んでいました。その結果バラモンたちは、だらしない有様となりました。それを見ていたブッダは、仏教団の堕落を防ぐため禁酒に踏み切ったのかもしれません。

ところで**日本の仏教では、ブッダが定めた戒律はあまり守られていません。**かつて親鸞《しんらん》などは、ブッダ以来の不邪淫を破って、公然と妻帯しています。現在、出家した僧侶が五戒を守って修行しているようにも見えません。

大乗仏教が発展した日本では、形式よりも心を重んじるほうへ流れたことから、戒律が軽んじられたと考えられます。

【仏教の神髄を265字で表した経典】般若心経《はんにゃしんきょう》と空《くう》

Buddhism No.8

600巻もあるお経

前にもふれた通り、大乗仏教には、主に6つの経典があります（P38参照）。「般若経」「華厳経」「無量寿経」「阿弥陀経」「観無量寿経」「法華経」の6つです。

このうち**もっとも重要な経典は、「般若経」**であるといわれています。大乗仏教は「般若ではじまり般若で終わる」といわれるほどです。

「般若経」ができたのは、仏教の経典が口伝から文書化されはじめた紀元前1世紀頃とされています。はじめはいくつかの経典が作られ、そのあと追加されたり、要約されたり、編集されたりして、最終的には膨大な量の般若経典群ができ上がりました。

この「般若経」を漢訳したものには42種類ありますが、なかでも有名なものは、玄奘（P37参照）が訳した**「大般若経」**です。

「大般若経」は、大事な般若経典をほとんど網羅していて、その量は600巻にも及びます。構成としては、お経が説かれた4つの場所と、16の話の内容でできていて、「四処十六会《ししょじゅうろくえ》」と呼ばれています。

「空」の概念を説く

「般若経」では、**「空《くう》」という大乗仏教の基本概念**が説かれています。

「空」とは何かというと、簡単にいえば**「実体がない」**ということです。

縁起の教えで見たように（P19参照）、この世の中で、それ自体が単独に存在しているものは1つもありません。

すべてのものは、お互いに関係し合いながら成り立っていて、生成・消滅を繰り返しているだけです。

般若心経が説いている「空」とは何か？

摩訶般若波羅蜜多心経
観自在菩薩行深般若波
羅蜜多時　照見五
蘊皆空度
一切苦厄……

般若心経では繰り返し
「空」について説いている

空

すべてのものには
実体がない

何事にも執着せず、すべてのとらわれから離れた「空」に至ることが大切である

ここから、あらゆる物質には実体がないと考えられ、このことを「空」であると認識します。

この「空」の基盤づくりに活躍したのが龍《りゅう》樹《じゅ》です。龍樹は、１５０年頃に南インドに生まれた仏教哲学者で、部派仏教を学びましたが、それから大乗仏教に移り、「空」の概念を究めました。

6つの修行で「空」を認識

「空」の認識に至るために必要なことは何でしょうか？　それが**「般若」**です。

「般若」とは、サンスクリット語「プラジュニャー」で、**「完全なる智慧《ちえ》」**を意味します。

ではどうやったら「完全なる智慧（般若）」を得ることができるのか、ということになりますが、そのルートとしては「六波羅蜜《ろくはらみつ》」という6つの修行が示されています。

①布施：人に物を施し恵むこと。僧に金銭や品物を寄進すること。
②持戒：戒律を守ること。
③忍辱《にんにく》：苦難に耐えること。
④精進：何事にも努力すること。
⑤禅定《ぜんじょう》：瞑想で精神を安らかにすること。
⑥般若《はんにゃ》：悟りへ至る智慧を身につけること。

①～⑤を行うことで、⑥の「完全なる智慧（般若）」を得ることができます。そして、すべてのものは「空」である（実体がない）と悟ることができます。

何物にも執着せず、すべてのとらわれから離れた「空」の境地に達することができるというわけです。

普及版「般若心経」は大ヒット！

「大般若経」とは別に、**「般若心経《はんにゃしんぎょう》」**（正式には「仏説摩訶般若波羅蜜多心経《ぶっせつまかはんにゃはらみったしんぎょう》」）という経典があります。成立は、3世紀、あるいは5～6世紀と推定されています。

「般若心経」は、600巻500万字の「大般若経」から大事な部分だけを抜き取って、わずか1巻**265字に要約**した普及版です。

だれでもすぐに読むことができます。その手軽さから、昔から写経や読経に利用される人気のお経です。

いくつか有名なフレーズがあるので見ておきましょう。

まず、**「諸法空相《しょほうくうそう》」**です。これは「事物すべては空であることを特性としている」と、「空」の理論が説かれています。

その「空」の説明として、「不生不滅《ふしょうふめつ》、不垢不浄《ふくふじょう》、不増不減《ふぞうふげん》」とあります。

「あらゆるものは、生じることもなければ、なくなることもない。汚いとか綺麗ということもない。そして、増えもしなければ、減りもしない」ということで、つまり、右か左かといった二元論へのこだわりから離れることが、「空」であるということです。

また、**「色即是空《しきそくぜくう》、空即是色《くうそくぜしき》」**ともあります。ここにある「色《しき》」とは物質的な存在のことです。

具体的には、体の5つの器官（眼耳鼻舌身《げんにびぜつしん》）と、それによって捉えられる5つの対象（色《しき》

声　香味触《しょうこうみそく》）です。なので「色即是空、空即是色」とは、「すべての物質は実体がない。実体がないからこそ物質である」ということです。

私たちの感じること、思うことも結局は実体がない物質にすぎない、「空」であると説いています。

そして最後、「羯諦《ぎやてい》　羯諦《ぎやてい》　波羅羯諦《はらぎやてい》　波羅僧羯諦《はらそうぎやてい》　菩提僧婆呵《ぼじそわか》」の18文字を唱えることで、「空」の世界を認識できるようになり、悟りの境地に達することができる、としています。

【大乗仏教が美しい天国と恐ろしい地獄を描いた】

仏教と世界観

Buddhism No.9

巨大な山を中心に描かれた仏教世界

仏教は、この世界をどのように描いているのでしょうか？

まず、なにもない虚空に、巨大な空気の筒のような「風輪《ふうりん》」が浮かんでいます。その上に「水輪《すいりん》」があり、さらにその上に「金輪《きんりん》」がのっています。「金輪」の上に海があります。そして海の真ん中に「須弥山《しゅみせん》」と呼ばれる高い山がそびえ立ちます。

須弥山の標高は、「8万由旬《ゆじゅん》」とされていて、これを換算すると、56万キロメートルとも80万キロメートルともいわれます。

風輪から須弥山までをワンセットにして**「小世界」**と呼びます。この小世界が10億個集まると**「大千世界《だいせんせかい》（三千大千世界）」**です。この大千世界が、ひとりの仏が教化できる範囲ということです。

では、この世界のなかで、私たち人間はどこに住んでいるのでしょうか？

須弥山の周囲の海には、勝身洲《しょうしんしゅう》・瞻部洲《せんぶしゅう》・牛貨洲《ごけしゅう》・倶盧洲《くるしゅう》という4つの大陸（四大洲）が浮かんでいます。このうちの瞻部洲に人間が住んでいるといいます。

一番軽い地獄でも五体切断

六道（P30参照）の最下位にある「地獄道」がどこにあるかもはっきりしています。瞻部洲の地下1000由旬のところです。

この地獄については、大乗仏教が徹底的に詳しく描きましたので、見ておきましょう。

地獄には、生前に罪を犯した人たちに苦痛を与える執行人が住んでいます。いわば、鬼です。

地獄は1つではなく、8つのランクにわかれています。1つランクが堕ちるごとに、鬼が与える苦痛は10倍ずつ増していきます。

①等活《とうかつ》地獄：殺生を犯した者が堕ちる。五体切断の刑を受ける。

②黒縄《こくじょう》地獄：殺生・盗みを犯した者が堕ちる。斧でさいの目に切り刻まれる。

③衆合《しゅごう》地獄：殺生・盗み・邪淫を犯した者が堕ちる。カミソリの葉でできた木を登り下りする。

④叫喚《きょうかん》地獄：殺生・盗み・邪淫・飲酒を犯した者が堕ちる。灼熱の銅を口のなかに流し込まれる。

⑤大叫喚地獄：殺生・盗み・邪淫・飲酒・妄語を犯した者が堕ちる。熱鉄の針で舌を刺され、鉄バサミで舌を引き抜かれる。

⑥焦熱《しょうねつ》地獄：殺生・盗み・邪淫・飲酒・妄語・邪見を犯した者が堕ちる。頭から肛門まで串刺しにされ、火の海に落とされる。

⑦大焦熱地獄：殺生・盗み・邪淫・飲酒・妄語・邪見・尼僧を汚す罪を犯した者が堕ちる。火の海に何度も突き落とされる。

⑧阿鼻《あび》地獄：尼僧を汚す罪・母殺し・仏法の誹謗・重罪を犯した者が堕ちる。巨大な番犬や無数の虫や蛇に毒針を刺され、食いちぎられる。痛みと苦しみは永遠につづく。

このように、人間は生前に犯した罪の大きさに応じて、各地獄に堕とされ、なんどもなんども苦痛を受けつづけます。

ただ、キリスト教などの地獄より救いもあって、仏教の地獄はあくまでも輪廻する六道の1つなので、**いつかは別の世界に転生できます。**キリスト教では、一度地獄に堕ちたら二度と抜け出せません。

一方、六道のなかの「天道」は、須弥山の上のほうにあります。ただ、「天道」は輪廻のサイクルのなかの1つなので、完全な悟りの世界ではありません。

完全な悟りの世界であり、仏教の理想郷ともいえるのが「浄土」です。この「浄土」も、大乗仏教で生まれた概念です。

大乗仏教ではいくつもの「仏」がいることになっていて、「仏」ごとに大千世界をもち、「仏」ごとに浄土があることになります。

浄土のなかでも有名なのは、阿弥陀仏が住む「極楽浄土」でしょう。極楽浄土は、「西方、十万億の仏土を過ぎて世界あり」とされています。

「仏土」とは、ひとりの仏の教化が及ぶ大千世界のことです。「十万億の仏土を過ぎて」ということですから、想像できないほど果てしなく遠いところにあるようです。

仏教における地獄と浄土とは？

地獄

とてつもなく苦しいが
いずれ転生することができる

浄土

修行を完成させて
自ら仏になることができる

地獄は六道の最下層に位置するものであり
浄土は六道から離れた悟りの世界である

極楽浄土は、金・銀・瑠璃などがちりばめられた美しい世界で、そこで人々は仏の説法を聴き、修行を完成させて、みずからも仏となることができます。

いずれブッダの利益は消える

仏教の世界を空間的にとらえてきましたが、時間的にとらえるとどうなるでしょうか？

仏教には、世の中の終わりに向けた末法《まっぽう》思想があります。具体的には、ブッダ入滅後の世界を3段階でとらえる「三《さん》時《じ》思想」となっています。

入滅後500年間が「正法《しょうぼう》の時代」で、

ブッダの教えが忠実に守られる時代です。

その後の1000年が「像法《ぞうぼう》の時代」で、ブッダの教えが形だけになって、あいまいになる時代です。つづく1万年が「末法の時代」で、ブッダの教えを守る人がいなくなる時代です。

その後は、ブッダの利益《りやく》がなくなり、世界が終わるとされています。

ところが、ブッダの次に仏となる人があらわれ、また新たな世の中がやってくるといいます。

次に仏になる人は、弥勒《みろく》菩薩とされていますが、弥勒菩薩が仏となってあらわれるのは、ブッダの死後56億7000万年後のことです。

【仏教はどのように広がっていったのか？】

仏教の伝播

Buddhism No.10

イスラム教徒の弾圧で衰退

現在、**インドには1%ほどの仏教徒しかいません。**なぜこれほど少ないのでしょうか？

インドの仏教は、クシャーナ朝（1〜3世紀）のころに最盛期を迎えました。ただし、仏教だけが信仰されていたわけではなく、古くからのバラモン教がありましたし、4世紀頃には新しいヒンドゥー教も生まれました。

7世紀頃までは、仏教とヒンドゥー教がライバルとして共存していましたが、8世紀頃から、仏教はヒンドゥー教へ徐々に吸収されていきます。またこの頃から、イスラム教徒（ムスリム）が北インドに侵入してきました。大きな変化が起きたのは、**13世紀初頭**で、北インドにイスラム政権（奴隷王朝）が建てられ、イスラム化が進みました。

一方、南インドにはヒンドゥー政権が建てられ、仏教を圧迫しました。こうして**仏教徒は、南北において追われる形となった**のです。

特にムスリムによる仏教弾圧はすさまじいものがありました。仏教では仏像をつくって拝む習慣ができていましたが、偶像崇拝を許さないムスリムは、寺院を徹底的に破壊したのです。13世紀当時、密教の最大寺院であったベンガルのヴィクラマシー寺は、ムスリムの軍の攻撃をうけ、僧侶と尼僧が惨殺されています。仏教が無力に滅ぼされました。この無力さは、戒律の不殺生（P47参照）に基づく非暴力主義のあらわれと見られています。

インドで仏教が復興したのは、トルコ系イスラム王朝のムガル帝国（16～19世紀）が崩壊して、イギリス支配から抜け出そうとした19世紀以降のことです。

中国十三宗が生まれる

インドで衰退した仏教は、**大きく2つのルートでアジア各国に伝播**していきました。南

アジアにおける仏教の伝播

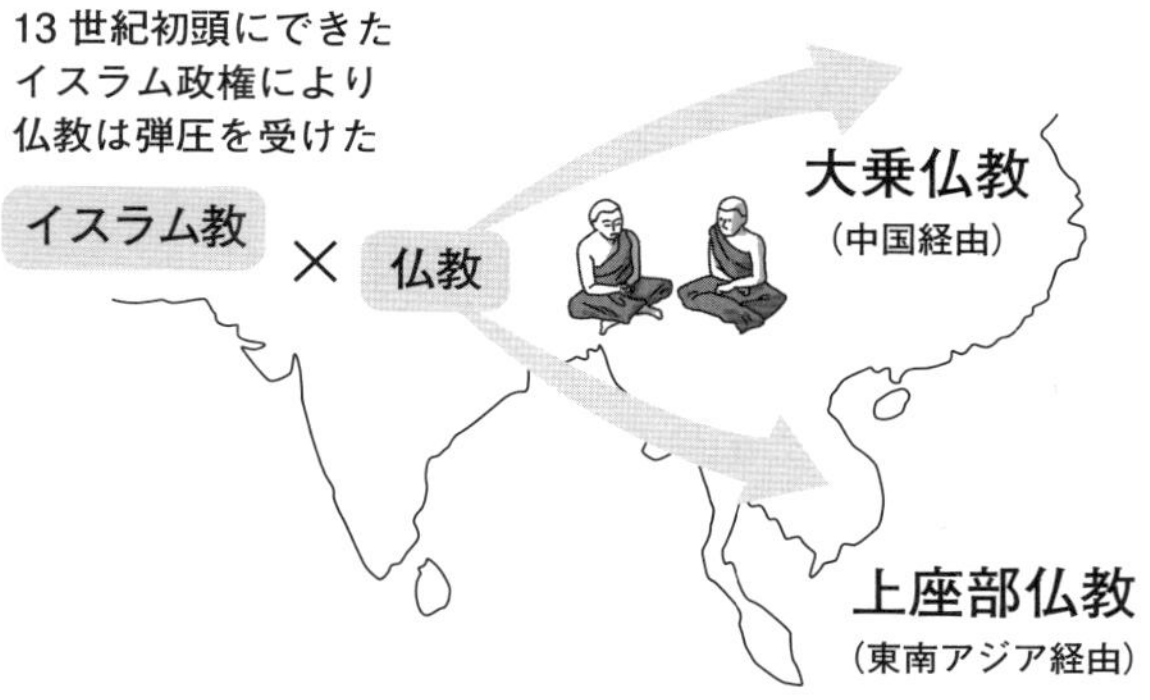

インドで衰退した仏教はアジアで広がっていった

ルートが上座部仏教で、北ルートが大乗仏教です。**北ルートをとった大乗仏教の主な受け入れ国が中国**です。ちなみに、中国への北ルートにも、西域を経由した陸路と、インドやスリランカから船で広州に入る海路がありました。

最初に中国に仏教が伝わったのは紀元前後と見られています。インドからの商人らによって、敦煌《とんこう》にもたらされたのがはじめでした。この頃の中国は、儒教と道教が広まっていました。なので、はじめは知識人を中心に教養の1つとして学ぶため、経典を翻訳していました。その過程で、中国の僧らがインドに赴き、経典を中国に持ち帰るようになりました。

有名な僧としては、5世紀の鳩摩羅什《くまらじゅう》がいます。彼は、大乗仏教の仏典を漢訳したほか、上座部仏教と大乗仏教の違いをはっきり理解し、大乗仏教を薦めて説いたことで知られています。そのほか、4～5世紀の法顕《ほっけん》や7世紀の玄奘がいます。彼らはインドで仏教を学んで経典を持ち帰り、唐の時代（7～10世紀）の仏教全盛期をもたらします。

中国では、13の宗派が生まれました。それが、毘曇宗《びどんしゅう》、成実宗《じょうじつしゅう》、浄土宗、律宗、地論宗、三論宗、涅槃宗、禅宗、摂論宗《しょうろんしゅう》、天台宗、華厳宗、法相宗《ほっそうしゅう》、真言宗《しんごんしゅう》です。

これほど教えが異なる宗派が生まれた背景の1つには、翻訳の問題があります。

サンスクリット語の経典からの漢訳は、言語系統がまったく違うため、微妙なニュアンスの違いが生まれ、僧による解釈の違いが生まれます。さらに、「自由主義」の大乗仏教は、教義や経典を自由に解釈することが許されていましたので、それぞれの僧の解釈の違いや考え方がそのまま派閥になっていったと考えられます。

ちなみに、翻訳につかった何万というサンスクリット語の原典がほとんど残っていないことも謎になっていて、漢語オリジナルの経典があった可能性も否定できません。

「お盆」は中国でできた？

また、中国の仏教は、中国由来の儒教や道教と融合しながら中国化した側面も見られます。インドではバラモン教以来もともと輪廻の考えがあり、仏教の重要な考え方となっていました。ところが、中国には輪廻の考え方はありません。道教に見られるように、あくまで目の前の現世にこだわります。秦の始皇帝が現世に執着し、不死の薬を手に入れようと躍起になったのがいい例です。そこで中国の僧は、**輪廻のサイクルに陥ることなく現世で仏になるという方法**を考えました。それが、禅宗で一挙に悟ることができる「頓悟成仏《とんごじょうぶつ》」や密教の「即身《そくしん》成仏」（P81参照）です。また、儒教の思想として、親を大切にする「孝」の考え方があった中国では、家を捨てる「出家」はどうしても受け入れられないものでした。出家がようやく受け入れられたのは、4世紀の頃だといいます。

そのほか、儒教の影響のもとに生まれたと見られる行事もあります。それが、祖先を供養する「盂蘭盆会《うらぼんえ》」、つまりお盆です。

お盆は、釈迦の弟子の目連《もくれん》が、死後に餓鬼道に堕ちた母の苦しみを救おうとして供養したのが起源だといわれています。が、この話を書いたお経のサンスクリット語原典はありません。だから、中国で書いたお経をもとに中国ではじまった行事と見られているのです。

【ブッダは質素な仏像に、菩薩は派手な仏像に】

仏像の成り立ち

Buddhism No.11

寺院が形成され、仏像出現！

ブッダが生きているころは、仏像などありませんでした。ブッダは入滅に際し、「自分が説いてきた法（真理）をよりどころとし、師とせよ」と説いています。「私の代わりに仏像を作って、拝みなさい」などとは言っていません。

では仏像は、いつごろ、どこで作られるようになったのでしょうか？

釈迦入滅後、仏塔《ぶっとう》（ストゥーパ）が四大聖地（ルンビニ、ブッダガヤー、サールナート、クシナガラ）に建てられました。仏塔は、釈迦の遺骨（仏舎利《ぶっしゃり》）を納めるものです。在家信者たちは聖地を巡礼して、仏塔を前に拝んだのです。一方、出家者は、在家信者から提供された土地を拠点に各地をまわって修行していましたが、ブッダ入滅後、しだいに一箇所に定住するようになります。この**出家者たちが修行生活を送った場所が、僧院**となります。

やがて僧院のなかに仏塔が吸収され、聖地化され、それが寺院へと発展していきます。寺院といっても、当時のインドでは岩壁の洞窟を利用した石窟寺院が主でした。1～2世紀頃、インド北部やガンダーラ地方では、おそるおそる釈迦の肖像づくりがはじまりました。これが仏像のはじまりです。仏像は寺院の中に建てた仏塔の前に置かれるようになります。

仏像がなぜ作られるようになったかというと、キリスト教の聖像と似通った事情があります（P153参照）。紀元前1世紀頃から経典の文書化がはじまりましたが、それを読めない人や、読まない人、あるいは関心のない人がいます。そうした人たちに向けて布教していくために、**わかりやすいモニュメント**が必要になったと考えられます。

名前で見分けることができる

さて、一口に仏像といっても、いろいろな名前のいろいろな姿の仏像があります。

その名前を手がかりに、大きく4つに整理して見てみましょう。

①如来像

まず1つ目は「如来像」です。「如来」には、**「修行をして悟りを開いた人」**という意味があります。「悟りを開いた人」ですから、つまりそれは釈迦であり、また釈迦と同様に悟りを開いてブッダとなったものになります。

修行をへて悟りを開いた姿ですから、派手な格好はしていません。如来像は、装身具などのない質素な出で立ちで、袈裟だけをまとっているのが特徴です。また、悟りを開いた如来は人間以上の存在であることを示すために、32種類の特殊な表現（三十二相）があります。たとえば、髪の毛がちぢれて1つ1つが右巻きになっています（螺髪《らほつ》）。

代表的な如来像には「釈迦如来」がいます。これは釈迦そのものです。「阿弥陀如来」は、極楽浄土の主で、鎌倉の大仏はこれにあたります。「毘盧舎那《びるしやな》如来」は、宇宙全体である華厳世界の主で、奈良の大仏はこれにあたります。また、「大日如来」は、密教の主で、如来像のなかでは例外的にさまざまな飾りをまとっています。

②菩薩像

「菩薩」というのは、悟りを求めて修行をしている人で、**もうすぐブッダになれる、という**

段階にある人です。人間のそばでいっしょに悟りをめざしていますから、人間にとって身近で親しみやすい存在です。

その姿も、人間と同じように、世俗的なさまざまな装身具を身につけています。髪型は美しく結いあげられ、宝冠や首飾り、腕輪をして、美しい布をまとっています。

有名な菩薩としては、「弥勒菩薩」があります。釈迦の入滅後56億７０００万年後にあらわれて、人々を救ってくれると考えられている菩薩です。

「観音菩薩」は、救いを求める者を、あらゆる手段を使って救済してくれると考えられる菩薩で、そのため「千手観音」

や「十一面観音」のような、手や顔の数がさまざまな姿で表されます。

③天部《てんぶ》像

バラモン教など、インドの民間信仰のさまざまな神々が仏教信仰に入ってできたのが「天部像」です。天部は、**仏や菩薩を守ることが役目**なので、武将や文官の格好をしていたり、ときには鳥や象など、動物の形となってあらわれているものもあります。

如来や菩薩は、蓮の花の台座（蓮華座《れんげざ》）のうえに座っていますが、天部の神々にはそれが許されていません。蓮の葉の台座（荷葉座《かしょうざ》）か、岩のうえ（岩座）に座っているのが特徴です。

代表的なものに、インドの神々の最高神とされる「梵天」がいます。梵天とともに主要な守護神であるのが「帝釈天」。「四天王」は、東西南北の四方を守る武将天です。

④明王像

「明王」は密教特有のもので、大日如来の命令で遣わされた仏です。**仏教を信じない人たちを、おどしつけて強制的に教化する役割**を担っているので、恐ろしい形相になっています。

代表的な5つの明王（五大明王）のうち、その中心にいるのが「不動明王」です。不動明王は、煩悩に迷わず動揺しないところから「不動」という名がついています。大日如来が変身した姿とされています。

【百済から仏教流入、蘇我氏の力で公認へ】

日本の仏教

Buddhism No.12

仏教をめぐって朝廷内は対立

インドから中国、朝鮮を伝わってきた仏教（大乗仏教）は、日本に伝わります。

6世紀頃、朝鮮半島では高句麗、新羅、百済の3国が争っていました新羅の攻撃をうけた百済の聖明王《せいめいおう》が、日本に援助を求めるかわりに、538年（『日本書紀』では552年）、欽明《きんめい》天皇に仏教の経典や仏像を献上しました。

これが公式に日本に仏教が伝わった最初とされます。

「公式に」というのは、民間レベルではすでに「私的に」仏教は伝わっていたと考えられるからです。

しかし、**輸入思想である仏教をめぐっては、宮廷で激しい対立**が生じました。

新たに伝来した仏教を取り入れようとする**進歩派の蘇我《そが》氏**と、日本古来の神思想を守ろうとする**保守派の物部《もののべ》氏**の対立です。

欽明天皇は、異国の仏像を拝むべきかどうか、臣下に問います。

朝廷で大臣を務めていた蘇我稲目《そがのいなめ》は、諸外国が仏像を拝んでいるのに、「日本だけがどうして一人だけ礼拝しないでいられようか」と答えました。

これに対し、物部大連尾輿《もののべのおおむらじのおこし》や中臣連鎌子《なかとみのむらじのかまこ》は、近隣からきた仏を蕃神《ばんしん》とよび、「蕃神を拝んでは、日本在来の国神《くにつかみ》の怒りを招く」と批判しました。

結局、この激しい抗争は**蘇我氏が勝ち、仏教は公認**されることになります。

ちなみに、仏教をめぐる紛争を蘇我氏と物部氏の権力闘争に結びつける以上のような筋書きは『日本書紀』などの記述によるもので、この記述自体に疑問をもっている学者もいます。

実際になにがあったかは明らかではありませんが、とにかく日本ではこの頃、仏教が公的に認められたということです。

日本に入ってきた仏教

6世紀頃、公式に仏教が伝わってきた

そして……

蘇我氏（崇仏派）　VS　物部氏（排仏派）

蘇我氏が勝利し仏教は公認されることになった

聖徳太子が仏教の基礎を築く

物部氏を滅亡させた蘇我氏は、朝廷で勢力を拡大します。その蘇我氏の子孫で、日本の仏教の基礎を築くのに大きく貢献したのが、**聖徳太子**です。

欽明天皇の子の用明天皇は、天皇として最初に仏教徒になりましたが、その用明天皇の第二皇子として生まれたのが聖徳太子です。

592年、日本で最初の女帝として推古天皇が即位したとき、聖徳太子は摂政に就きました。ちなみに、推古天皇は蘇我稲目の孫であり、太子は稲目の曾孫にあたります。

聖徳太子は、20歳のころから、高句麗の

僧・慧慈《えじ》などの手ほどきで本格的な仏教を学び、いまだに争いが絶えない日本は、仏教の力によって統治すべきと考え、仏教を国家的に制度化しました。

「和をもって貴しとなす」「篤く三宝（仏法僧）を敬え」という言葉が並ぶ**「十七条憲法」**を制定し、隋の仏教文化を取り入れるために小野妹子らの遣隋使を派遣しました。法隆寺、四天王寺、広隆寺を建立したのも聖徳太子です。

こうした活躍で日本の仏教の礎を築いた聖徳太子は、8世紀頃から聖人として扱われるようになり、鎌倉時代には太子信仰となって広まりました。

鑑真、来日

飛鳥時代は、聖徳太子によって仏教の基礎ができました。次の奈良時代になると、聖武天皇が、仏教によって国を護ろうとする鎮護国家の形を整えました。

その拠点となったのが各地に建てられた**国分寺**です。奈良の東大寺を総本山とする国分寺は医療や災害のときの救済施設であるとともに、地方の仏教の布教の場となりました。

また遣唐使の派遣によって、唐からもたらされた仏教が平城京で学ばれました。それが南

都六宗（三論宗《さんろんしゅう》、成実宗《じょうじつしゅう》、法相宗《ほっそうしゅう》、倶舎宗《くしゃしゅう》、華厳宗《けごんしゅう》、律宗《りつしゅう》）です。

この時代、有名な僧が**鑑真**《がんじん》です。鑑真は唐の高層で、何度も渡航に失敗して失明しましたが、６度目の渡航で来日を果たしました。彼が伝えたのは律宗で、戒律を守らず乱れていた日本の僧侶や尼僧に、戒律の重要性を伝えています。その律宗の総本山が、唐招提寺《とうしょうだいじ》です。

平安時代になると、日本の僧が自ら宗派を開くようになります。それが、**最澄の天台宗**と、**空海の真言宗**です。

平安末期の11世紀頃、世の中に広まったのが末法思想です。ブッダの入滅後１５００年後には末法となり、戦乱がつづき、天変地異が起こるというものです。

人々の不安が広がるなかで、一般民衆に受け入れられたのが浄土信仰でした。天台宗の僧・円仁《えんにん》が伝えた、南無阿弥陀仏と唱えるだけで極楽浄土へいける、とする考えです。

この浄土信仰は、鎌倉時代、**法然が開いた浄土宗**へとつながっていき、そのほか多くの宗派が生まれました。

現在、日本には十三宗があるといわれています（天台宗、華厳宗、法相宗、律宗、臨済宗、曹洞宗、黄檗宗《おうばくしゅう》、日蓮宗、融通念仏宗、浄土宗、浄土真宗、真言宗、時宗）。主な宗派については、次のページから見ていきましょう。

【南都仏教に反発、最長が比叡山で開いた】

天台宗

（日本仏教の宗派　その1）

Buddhism No.13

だれもが成仏できる

天台宗は、それまでの奈良の仏教界（南都仏教界）への反発から生まれています。

天台宗の開祖・最澄《さいちょう》は、７６７年に近江国（滋賀県）に生まれ、19歳で奈良・東大寺の正式の僧（官僧）となりました。

しかし当時の奈良の仏教界は国家の保護を受けて、仏教本来の姿とはいえぬほど堕落していました。

それに強い反発を覚えた最澄は、ひとり故郷の近江国の比叡山に登り、修行生活に入りま

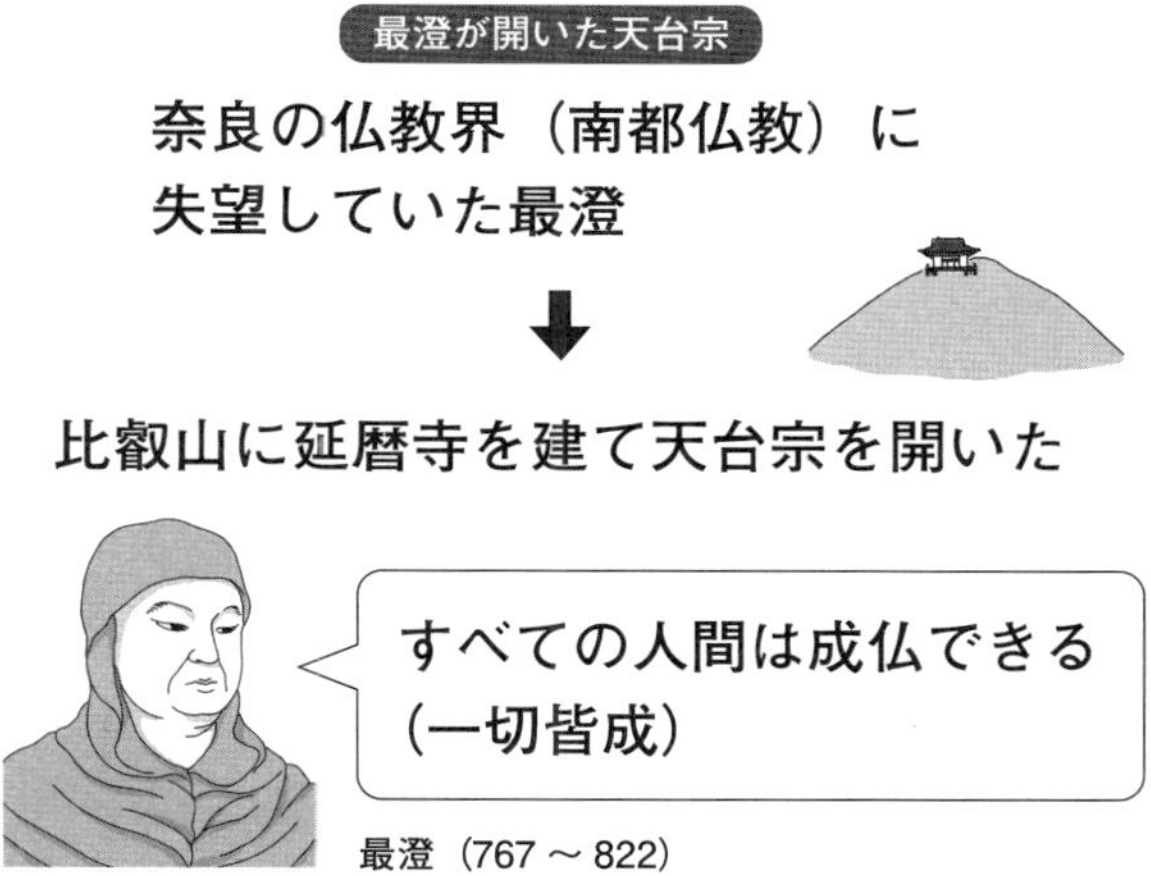
最澄が開いた天台宗
奈良の仏教界（南都仏教）に
失望していた最澄
比叡山に延暦寺を建て天台宗を開いた
すべての人間は成仏できる
（一切皆成）
最澄（767 ～ 822）

した。そのころ、**『法華経《ほけきょう》』をもとにした天台宗の教義**を知りました。

そんな修行一筋で仏教を求める最澄に接近したのが、**桓武《かんむ》天皇**です。奈良の仏教界に批判的であった桓武天皇は、最澄が新しい仏教を生み出してくれることを期待しました。

唐への留学を許可された最澄は、天台宗を興すというはっきりした目的をもって、804年、38歳のときに唐に渡りました。天台山で教えを授かった最澄は翌年帰国し、806年に日本天台宗を開くことを認められ、比叡山《ひえいざん》に延暦寺《えんりゃくじ》を建てます。

最澄の教えの特徴は、**「すべての人間が成仏できる」という一切皆成《いっさいかいじょう》**を説いていることです。これは、一定の条件を満たした者しか成仏できない、とする南都仏教とは対立するものでした。

また最澄の天台宗は、『法華経』の信仰、戒律、禅、密教という4つを総合した教えである、「四宗融合」です。

総合的で幅広い教えだった天台宗は、貴族層の支持を集めました。そしてここからまた新しい宗派が派生していきました。

鎌倉時代、法然、親鸞、道元、日蓮などはみな、いったんは比叡山に入って天台宗を学び、それをもとに新しい宗派を築いています。その意味で、**鎌倉仏教のベース**ともなったものが、最澄の天台宗だったといえます。

【スーパーエリート空海が開いた】

真言宗

（日本仏教の宗派　その２）

Buddhism No.14

インド直伝の正統な密教

空海《くうかい》の諡名《おくりな》は「弘法大師《こうぼうだいし》」といいます。「弘法も筆の誤り」という諺で知られる弘法大師です。

空海は、いまなら東大法学部に進むような、エリート中のエリートでした。

７７４年、讃岐国（香川県）の豪族の息子として生まれた空海は、桓武天皇の皇子の家庭教師をしていた叔父から、国学、儒学、歴史、書道などを学びますが、それに飽き足らず、18歳で京に上って学校に入り、官吏養成コースを歩みました。

空海が開いた真言宗

31歳で遣唐使に選ばれた空海は唐・長安で密教を学び日本でそれを広めた

人間は生きたまま
仏になることができる
（即身成仏）
空海（774〜835）

しかしその途中で、ある僧侶から、「虚空《こく》蔵求聞持《ぞうぐもんじ》の真言《しんごん》を１００万回唱えれば、すべてのことを知ることができる」と教えられ、仏教への関心を高めました。そこで学校を離脱し、阿波、土佐、吉野などで厳しい修行をしてまわりました。

ちなみに、こうして空海が巡った場所はのちに聖地となり、四国八八ヶ所となっています。

この修行中、出家の決意をした空海は、『三教指帰《さんごうしいき》』を書きます。これは、儒教、道教、仏教の３つを並べて考えたうえで、仏教がどれほどすぐれているかを説いたものです。

31歳で遣唐使に選ばれ、８０４年、最澄

と同じ船に乗り、唐を訪れました。

唐・長安の青龍寺の恵果《えか》から密教のすべてを伝授された空海は、2年後に帰国。816年に高野山金剛峰寺を建てるとともに、京都の東寺を密教の道場としました。

密教はそれまでも日本に伝えられていましたが、空海は唐で学んだ密教も日本風に再編し、真言宗（真言密教の宗）としました。

密教というといかがわしいイメージがありますが、**真言密教は、大日如来から授けられた、インド直伝の正統な教え**だといいます。

その教えは**即身成仏**で、**人は現世でありのままの姿で仏になれる**ものとします。修行はそれを自覚するものと説いています。

聖典は『大日経《だいにちきょう》』と『金剛頂経《こんごうちょうきょう》』です。

【念仏を称えればいい、法然が開いた】浄土宗（日本仏教の宗派　その３）

Buddhism No.15

わかりやすい庶民の宗教

平安末期からの源平の争いや天変地異によって人々の不安が高まるなか、鎌倉時代には、**日本独自の奥深い仏教**が生まれました。

そのはじめが、**法然《ほうねん》が開いた浄土宗《じょうどしゅう》**です。

法然は、１１３３年、美作国（岡山県）に生まれます。

押領使《おうりょうし》（地方の警察）をしていた父が土地の人間に殺され亡くなりますが、父が遺した言葉「敵を恨まず出家して仏道を求めよ」にしたがって、９歳で出家します。

法然が開いた浄土宗

平安末期、
国の情勢は不安定になっていた

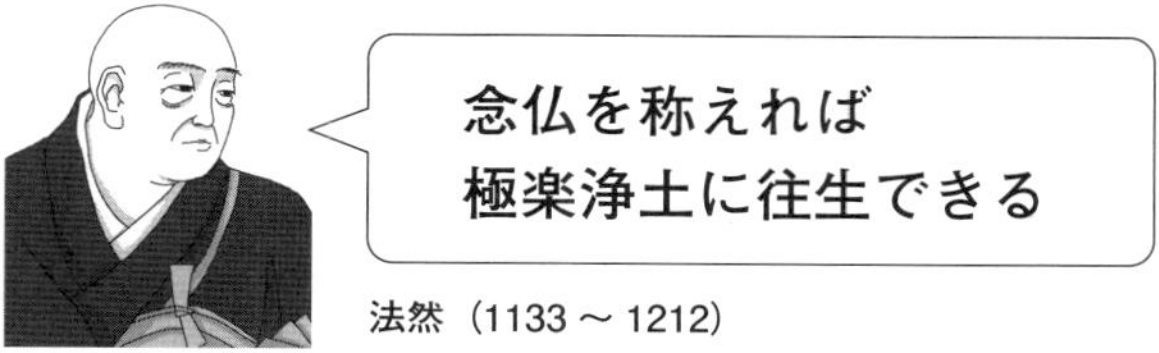

法然（1133～1212）

法然の浄土宗は誰にでもわかりやすく
武士や庶民の垣根を越えて広がっていった

13歳で比叡山に入り天台宗を学び、奈良で法相宗、三論宗などを学び、また比叡山に戻ります。

長年の迷いが消えて開眼したのは、43歳のときです。中国浄土教をまとめた善導《ぜんどう》の著書『観無量寿経疏《かんむりょうじゅきょうしょ》』のなかの、「もっぱら阿弥陀仏の名号を称えれば、極楽浄土に往生できる」という意味の一文を見て、これだと思います。

さらに、天台宗の源信《げんしん》が、極楽浄土に往生するための要文をくわしく説いた『往《おう》生要集《じょうようしゅう》』にある念仏「南無阿弥陀仏《なむあみだぶつ》」を称えることが大切であると考えました。

念仏の修行に専心する「専修念仏宗」＝浄土宗が確立します。

法然の浄土宗は、**来世での往生を願うのではなく、むしろ現世で、念仏「南無阿弥陀仏」を称えることで充実させることが重要**であると説く、誰にでもわかりやすいものでした。

それによって貴族や武士階級だけでなく、一般の庶民にも急速に広まりました。が、比叡山や興福寺など、旧仏教各派は警戒し、しだいに法然への圧迫が激しくなり、75歳のとき、弟子の起こした事件で土佐（高知県）への流罪となりました。

まもなく許され、京都の大谷に戻り、80歳で生涯を終えています。

基本経典は『無量寿経《むりようじゆきよう》』『観無量寿経《かんむりようじゆきよう》』『阿弥陀経《あみだきよう》』で、これを浄土三部経といいます。

【悪人もすでに救われている、親鸞が開いた】
浄土真宗
（日本仏教の宗派　その4）

Buddhism No.16

妻帯した仏教界の異端児

浄土真宗《じょうどしんしゅう》を開いたのは、法然の弟子の1人、**親鸞**《しんらん》です。親鸞は、公家の生まれですが、幼時に父母を失って出家し、9歳から比叡山で修行します。29歳のとき、聖徳太子（救世観音の化身）から夢のお告げがあり、東山の吉水にあった法然の門に入りました。

１２０７年の法然の流罪のときには、親鸞も越後に流罪となりました。流罪先では、恵信《えしん》尼《に》と結婚します。**僧侶にもかかわらず「妻帯」**したことは、当時としては衝撃的な出来事でした。

親鸞が開いた浄土真宗

基本的な考え方は、師である法然の「念仏を称えること」と同様である違いはどこにあるのか？

念仏を称えること自体
阿弥陀仏の力によるものであり
人は誰でも往生することが
すでに決まっている

親鸞（1173～1262）

↓

「自力」ではなく「他力」を重視した

親鸞は、流罪が解けても京へは戻らず、越後、常陸で僧俗一体の生活を送りながら布教をつづけ、62歳で京へ戻ります。

では、親鸞の浄土真宗は、浄土宗とは何が違うのでしょうか？　両宗とも、浄土三部経（『無量寿経』『観無量寿経』『阿弥陀経』）を基本経典としています。また、念仏を称えることも同じです。しかし、念仏に対するとらえ方は違います。

法然は、自分で念仏を称えることによって阿弥陀仏に救われる、という点にとどまっていました。ところが親鸞は、**自分が「南無阿弥陀仏」と念仏を称えること自体、阿弥陀仏からいただいた信心の力によってできること**、と説きました。

この信心は、**自分の力（＝自力）ではなく、阿弥陀仏からいただいたもの（＝他力）とする**ところがポイントです。もっと言えば、人々はすでに、悪人だろうが善人だろうが、往生することは決まっているので、阿弥陀仏には感謝する必要があり、その感謝することが念仏である、といいます。

弟子の唯円《ゆいえん》がまとめた親鸞語録『歎異抄《たんにしょう》』には、**「善人なおもて往生をとぐ、いわんや悪人をや」**とあります。

善人が阿弥陀仏に救われるのは当然で、救われがたい悪人こそ、阿弥陀仏は救おうとなさる、というものです。これは**「悪人正機説《あくにんしょうきせつ》」**といいます。

浄土真宗はこの『歎異抄』と親鸞が書いた『教行信証《きょうぎょうしんしょう》』を聖典として、広く庶民に浸透しました。

【座禅で悟りを開く、栄西と道元の禅宗2派】

臨済宗・曹洞宗

（日本仏教の宗派　その5）

Buddhism No.17

禅宗の開祖はインド出身の達磨

浄土宗と浄土真宗では「念仏」がポイントになりましたが、**禅宗は「座禅」がポイント**になります。座禅を組んでひたすら瞑想をすることで悟りを得る、というのが禅宗の教えです。

この禅宗の教えは、インド出身の菩提達磨《ぼだいだるま》が、6世紀に中国で成立させたと考えられています。日本で広まったのは鎌倉時代、**栄西《えいさい》（臨済宗《りんざいしゅう》）と道元《どうげん》（曹洞宗《そうとうしゅう》）**の教えによります。

まず栄西ですが、14歳で出家して、比叡山で天台宗の僧となります。1回目の中国・宋への留学で天台の教義を学び、2回目の留学で禅宗の教えを学びます。栄西が学んだのは、禅宗の

「臨済宗」と「曹洞宗」　２つの禅宗

「座禅」を重んじる禅宗の教え

臨済宗　　曹洞宗

栄西（1141 ～ 1215）　道元（1200 ～ 1253）

なかでも、9世紀に臨済《りんざい》義玄《ぎげん》からはじまる臨済宗の教えでした。臨済宗の特徴は、**座禅は大事ではあるが、悟りに至るには戒律も重視する**としている点です。

帰国後、栄西は九州・博多に聖福寺《しょうふくじ》を建て、禅宗の拠点とします。博多を拠点にしたのは、京都の仏教（天台宗、真言宗）の勢力と距離をとるためでした。

座禅のスタイルは武士階級に好まれ、やがて鎌倉で北条政子と源頼家の帰依《きえ》を受け、鎌倉に寿福寺、京都に建仁寺が建てられています。

一方の道元ですが、13歳で出家し、やはり比叡山で天台宗を学んだあと、建仁寺で栄西の弟子・明全《みょうぜん》のもとで禅の修行をしました。24歳のとき、明全について宋に渡り、曹洞禅の如浄《にょじょう》から厳しい座禅修行「純禅」を伝えられ、悟りを開きます。

帰国後、道元が開いた曹洞宗の教えは、座禅そのもののなかに悟りがあるとするもので、**座禅そのものが目的**となりました。これがブッダ以来の「正伝の仏法」と教えました。庶民には厳しい座禅修行はできません。なので、もっぱら少数の弟子と座禅修行をする宗派となりました。

道元たちは比叡山の迫害にあったため、越前国（福井県）の永平寺を拠点とし、のちに開かれた能登の総持寺《そうじじ》とともに2大道場とし、大きく発展しました。

【『法華経』のみの信仰を訴え、迫害を受ける】日蓮宗（日本仏教の宗派　その6）

Buddhism No.18

他宗派、念仏を厳しく批判

日蓮宗《にちれんしゅう》の教えは、**経典『法華経』への信仰を絶対唯一**としているのが特徴です。

開祖は**日蓮**です。新宗派のほかの開祖はみな公家や武家の出身ですが、日蓮は庶民の出で、１２２２年に安房国（千葉県）の漁師の息子として生まれました。ただ、父の代までは遠江（静岡県）の武士だったといわれています。

日蓮は16歳で出家し、南都各宗、天台宗、真言宗、浄土宗、禅宗などあらゆる仏教を各地で学びながら、真実の仏教を探し求めました。

法華経を重視した日蓮

その他の宗派は複数の経典を重んじるが日蓮は『法華経』のみを重視した

法華経にこそブッダの教えの真髄がある

日蓮（1222 ～ 1282）

↓

念仏を批判し「南無妙法蓮華経」の題目を推奨した

そしてたどりついたのが『法華経』でした。日蓮は、『法華経』にこそブッダの教えの神髄があると考えました。天台宗も『法華経』を信仰しますが、密教や浄土教などほかの経典も重んじます。これに対し、日蓮は『法華経』のみに特化した点で大きく異なります。

日蓮は、**『法華経』の「南《な》無《む》妙《みょう》法《ほう》蓮《れん》華《げ》経《きょう》」の題目を称えれば、すぐに仏となれる、即身成仏できる**と教えました。

当時は末法の時代で、天災や飢饉、疫病が頻発していました。

日蓮は「これは人々が『法華経』を信じないで、ほかの邪宗を信じたり、念仏を称えているためである」と訴えます。それを

『立正安国論《りつしようあんこくろん》』に著し、鎌倉幕府に差し出しました。しかし、これはさすがに幕府を憤慨させ、伊豆への流罪となります。

3年後に許されましたが、再び、「念仏無間《ねんぶつむけん》、禅天魔《ぜんてんま》、真言亡国《しんごんぼうこく》、律国賊《りつこくぞく》」（念仏は無間地獄に堕ち、禅宗は天魔の教え、真言宗は国を亡ぼし、律宗は国に反する教えを説く）という四箇格言《しかかくげん》として知られる他宗批判を行い、斬罪となります。処罰寸前で免れますが、その後も言動は改めず、迫害はつづきました。

日蓮没後、日蓮宗は分派を重ね、いくつもの宗派が生まれました。主な本山は、身延山・久遠寺、東京池上・本門寺などです。

【仏教行事は日本固有の色彩が濃い】

仏教の行事

Buddhism No.19

ブッダの誕生を祝う花祭り

キリスト教には、「イースター（イエスが復活した日）」「クリスマス（イエスの誕生日）」という、開祖にまつわる行事があります。これと同じように、仏教でも開祖にまつわる重要な行事として**「花祭り（灌仏会《かんぶつえ》・仏生会《ぶっしょうえ》）」**があります。

花祭りは、ブッダの誕生を祝うもので、4月8日に行われます。「花御堂《はなみどう》」という小さなお堂をつくり、そこに誕生仏を祀り、参拝者は柄杓で甘茶をかけて祝います。

花御堂は、屋根をさまざまな花で葺いたりして、ブッダの生誕地ルンビニ（現ネパール領）

の様子を再現します。誕生仏は、右手は天を、左手は地を指していて、「天上天下唯我独尊」（P26参照）と唱えているブッダの姿を表しています。仏に甘茶を注ぐのは、ブッダの誕生時に94の竜が天空から香水を注いで沐浴をさせた、という言い伝えにちなんだものです。

このような花祭りですが、じつは日本固有の色彩が濃く、その起源は聖徳太子時代の606年、飛鳥の元興寺《がんごうじ》で行われたものとされています。民衆の間に広まったのは江戸時代になってからのことです。現在の有名な花祭りとしては、奈良・東大寺や東京・浅草寺の「仏生会」があります。

大事な仏事、お彼岸、お盆、除夜の鐘

日本で馴染みの深い仏教行事としては、**「お彼岸」「お盆」「除夜の鐘」**があります。

まず「お彼岸」は、春分と秋分の日にお墓参りする仏事です。じつはお彼岸も日本独自の行事なのですが、なぜこのような行事が生まれたのでしょうか？

「彼岸」とは「悟りの世界」です。「彼岸」の反対は、現実世界の「此岸《しがん》」です。彼岸に至ることを願う日、これがお彼岸なのですが、そのとき、すでに仏になっている先祖の霊を訪

れ、より彼岸に近づくことを願う意味が込められています。

もともとは聖徳太子が、先祖神祭りと彼岸への願いを結合させたのが由来とされています。なぜ春分と秋分の日に行うのかというと、諸説ありますが、太陽が真西に沈むこの日、西の彼方にあるという極楽浄土が見えるから、といわれています。

次に「お盆（盂蘭盆会《うらぼんえ》）」ですが、これは先祖の霊を迎えて供養する日です。地方によって異なりますが、7月15日、または8月15日に行われます。一般的な流れは、13日の朝に仏壇を閉め、その前に盆棚（精霊棚）をつくります。棚の上に位牌、水鉢、花や果物を供えて、13日の夕方に提灯をつけて霊を迎え入れます。キュウリやナスを馬や牛の形にすることがありますが、これは霊があの世に帰るための乗り物です。14日か15日に僧侶を招いてお経をあげてもらいます。新盆（初盆）の場合は、親戚や知人に参列してもらい、精進料理でもてなします。16日に盆棚の供え物を川や海に流して霊を浄土に送ります。

お盆は、前にもふれたように（P65参照）、ブッダの弟子の目連が、死後に餓鬼道に堕ちた母の苦しみを救おうとして供養したのが起源だといわれています。ちなみに「盂蘭盆会」の語源は、サンスクリット語の「ウッランバーナ」で、「逆さ吊りにされている」の意味です。

「除夜の鐘」も仏教行事の1つです。「除夜」とは「旧年を除く」という意味で、1年の最

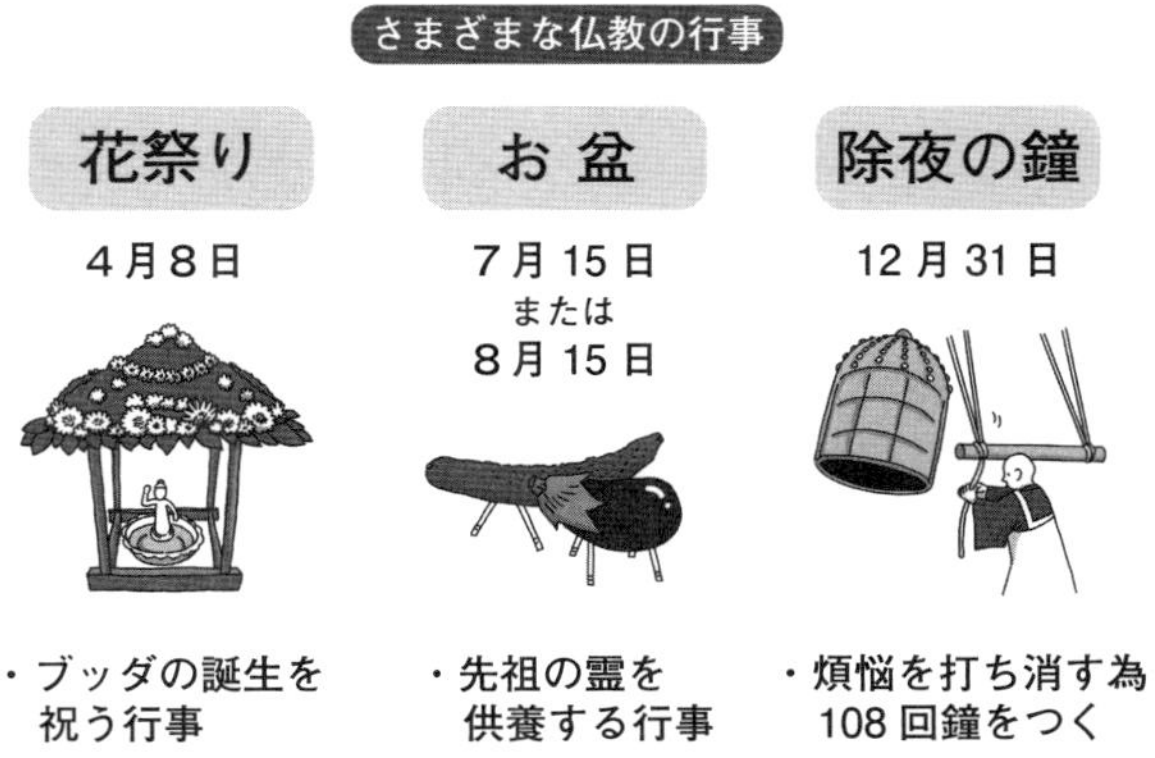

仏教の行事は我々の生活に根づいている

後の夜＝大晦日を表しています。

除夜は、五穀の豊年を祈願する年神様を迎える神聖な夜とされ、そのため一晩中起きて神様を迎えるとされていました。

この習わしと仏教があわさり、お寺では除夜の鐘をならし、また人々は神社やお寺に参拝する行事となったとされています。

では、なぜ除夜の鐘は１０８回なのか？

諸説ありますが、一説には、**１０８は人間の欲や怒りなど煩悩の数**を表していて、これを打ち消す意味があるといいます。そのほか、12ヶ月、24節気（1年を24等分した季節）、72侯（24節気をさらに3つにわけた中国由来の季節）のそれぞれを合わせた数だとする説もあります。

四十九日で行き先が決まる

最後に、死者に対する一般的な仏事の流れをおさえておきましょう。

はじめに**「通夜」**があります。これは、ブッダが亡くなった際、多くの弟子が遺体のそばでその教えについて語り合いながら夜を明かしたことや、古代日本でも一定期間、遺体を安置し、故人を悼む風習があったことなどから生まれた仏事です。

通夜の翌日に**「葬儀」**があります。これは死者を浄土に送る儀式です。葬儀のあと行われる、「初七日」「四十九日」「一周忌」という一連の仏事のことを**「法事（法要）」**といいます。これらはインド仏教にはなかったもので、中国から日本にもたらされる過程でできたものと考えられています。初七日から四十九日まで、7日目ごとに故人を供養する習慣は、浄土宗の教えに由来します。故人が極楽浄土へ行けるように定期的に励まし、四十九日に故人の行き先が決定されると考えられています。

一周忌のあとは、三回忌（満2年目）、七回忌（満6年目）、十三回忌（満12年目）、十七回忌（満16年目）と続き、三十三回忌（満32年目）または五十回忌をもって「弔い上げ」（年忌供養の終了）とされるのが通常です。

第二章

いちばんやさしい

キリスト教の話

【キリスト教の教えの核心】

キリスト教の愛とは？

Christianity No.1

戒律を守らなければ、救われない

キリスト教の教えの核心には、「愛」があるといわれます。まずは、この「愛」が意味するところを解きほぐしてみましょう。

キリスト教の開祖イエス・キリストは、ユダヤ人であり、ユダヤ教を信仰していました。**ユダヤ教は「戒律の宗教」**といわれます。なぜならば、神に救われるための条件が「戒律を守ること」とされているからです。

ユダヤ教の聖典である『旧約聖書』には「律法《りっぽう》」と呼ばれる細かな規則がたくさん書かれ

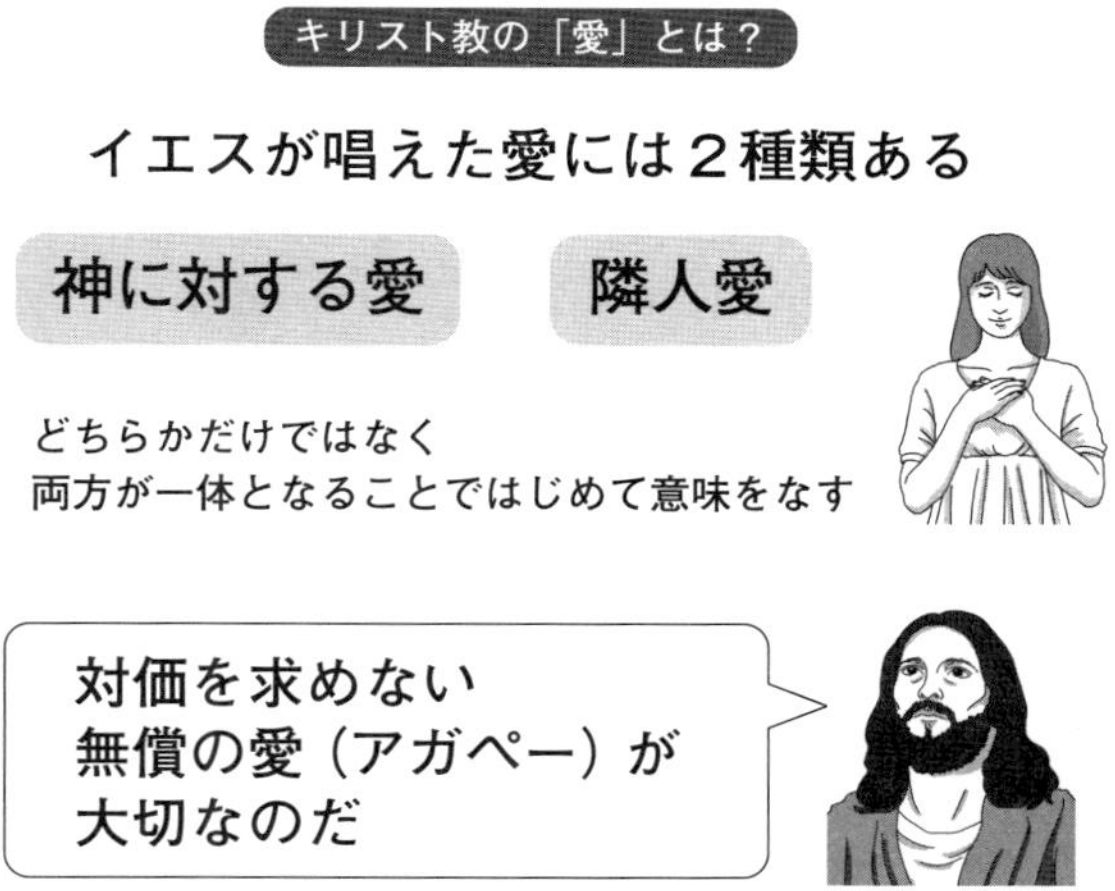
キリスト教の「愛」とは？
イエスが唱えた愛には２種類ある
神に対する愛
隣人愛
どちらかだけではなく
両方が一体となることではじめて意味をなす
対価を求めない
無償の愛（アガペー）が
大切なのだ

ていて、人々はこれを守らなければいけないとされていました。

当時のユダヤ人社会、上層部にいるエリート層はこれらの規則をしっかり守っていました。しかし、日々の生活を維持するだけで精一杯の貧しい人々は、『旧約聖書』の細かな規則を守っている余裕はありませんでした。たとえば、「安息日は労働をしてはならない」と決められていても、休みなどとっている場合ではなく、働かなければいけませんでした。こうして規則を破る者は、「罪人《つみびと》」と呼ばれ、軽蔑されました。

結果的にユダヤ人社会は、「規則を守ることができ、神に救われる人」と「規則を守ることができず、神に救われない人」という、二極化が生じていたのです。

ここで登場したのが、イエスです。イエスは、「規則を守ることができず、神に救われない人」を救いたいと考えました。

そこで、**神に救われるための条件は戒律にあるのではなく、「愛である」**としたのです。

『旧約聖書』の「愛」をクローズアップ

イエスが唱えた「愛」には2種類あります。1つは**「神に対する愛」**で、もう1つは**「隣人愛」**です。

このことは、イエスがはっきり述べています。

あるときユダヤ教の律法学者から「最も重要な掟は何か？」と問われたとき、イエスは『旧約聖書』から次の2つの部分を引用して説明しました。

「あなたは心を尽くし、魂を尽くし、力を尽くして、あなたの神、主を愛しなさい（申命記6章5）」

「自分自身を愛するように隣人を愛しなさい（レビ記19章18）」

「神に対する愛」と「隣人愛」は、何か新しい教えだったわけではなく、すでにユダヤ教の聖典のなかにあったというわけです。

「神に対する愛」と「隣人愛」は、どちらがより重要という序列はありません。どちらかが欠けてもいけないものです。**「神に対する愛」と「隣人愛」が一体となって存在することではじめて意味をなします。**

神を信じて愛し、同時に、助けを必要としているすべての人（隣人）を等しく愛する。そのことによってはじめて、神に救われるということです。

敵さえも愛する、アガペー

ところで、神は神聖なものです。だから、神を愛することはできるかもしれません。しかし、隣人を愛することはできるでしょうか？　いつも物音がうるさい、挨拶しても知らん顔のお隣さんを、愛することができるでしょうか？

イエスの教えを収めた『新約聖書』はギリシア語で書かれていますが、ギリシア語には「愛」を表す言葉が４つあります。

「エロス（男女の愛）」「フィリア（友情）」「ストルゲー（親子愛）」**「アガペー（無償の愛）」**の4つです。

このうち「エロス」「フィリア」「ストルゲー」の3つの愛は、比較的納得がいくものでしょう。好みの異性だから、友達だから、親子だから愛することができます。

これらの関係では、相手も愛してくれるから、愛することができます。

しかしイエスは言います。

「自分を愛してくれる人を愛したところで、あなたがたにどんな報いがあろうか（マタイ5章46）」

イエスが求めているのは、「～だから」という愛する条件がなくても、愛しなさい、という「無条件の愛（無償の愛）」です。

恋人や友人や家族でなくても、隣人のことも、知らない人のことも、知らない国の人のことも愛せ、ということです。

さらには、**敵のことも愛せ**、といいます。

「敵を愛し、あなたがたを憎む者に親切にしなさい。悪口を言う者に祝福を祈り、あなたがたを侮辱する者のために祈りなさい（ルカ6章27‐28）」

イエスは、この無償の愛・アガペーを実践してみせました。イエスは、自分を憎み、迫害する人々のことさえも愛したのです。

「神に対する愛」「隣人愛」を土台としたイエスの教えは、厳しい規則を守れず、自分が救われることはないと思い込んでいた人々にとっては大きな救いとなりました。

イエスが救いたかったのは、まさにこのようなユダヤ教の律法主義によって不幸に貶められていた人々でした。

イエスは、現世で不幸にある者こそ、神の国（天国）で幸せになれるとして、無償の愛・アガペーを実践するように説いたのです。

【キリスト教の重要な教え】

「三位一体」と「原罪」

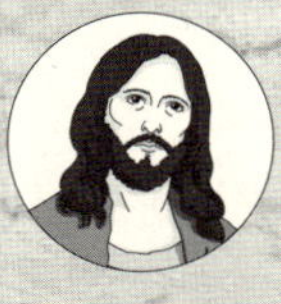

Christianity No.2

同じヤハウェ神を信仰

キリスト教の教えは、イエスが説いたことだけでできているわけではなく、後世の人々がさまざまな解釈をして、議論しながら整理した部分があります。そうしてあとからできたキリスト教の教えのなかでも重要なものが、**「三位一体論《さんみいったいろん》」と「原罪《げんざい》」**です。

まずは「三位一体論」ですが、これを説明するには、「一神教」という視点からはじめるのがいいでしょう。

宗教には、たった1つの神を崇める一神教と、複数の神を崇める多神教があります。

古くから日本人が親しんできた神道や仏教は多神教です。エジプトやメソポタミア、ギリシアなどの地域でも、もともとは多神教の宗教を信仰していました。

これに対し一神教の代表といえるのが、ユダヤ教、キリスト教、イスラム教です。

ユダヤ教・キリスト教では、神のことを「ヤハウェ」と呼び、イスラム教では「アッラー」と呼びますが、この呼び方は「神」を表す普通名詞にすぎません。そして大事なことは、この**3つの宗教が信じている神は、同じ神を指している**ということです。

ユダヤ人もはじめは、農耕神バアル、地母神アナトなど、さまざまな神々への信仰がありました。しかしそのなかから、ヤハウェという目には見えない神への信仰を強め、ユダヤ教という一神教を形成していきました。それがキリスト教に受け継がれ、やがてイスラム教でも同じ神を信仰したということになります。

イエス信仰で問題勃発

さて、ユダヤ教を母体とするキリスト教は、ヤハウェ神のみを信仰する一神教としてはじまりました。ところが問題が起きました。

イエスの宣教と復活によって、神とは別に、イエスに対する信仰が広まったのです。それにともない、神とイエスという2つの信仰対象ができてしまいました。

一方で、聖書を見ると、**「聖霊」**というものも登場します。

「主イエス・キリストの恵み、神の愛、聖霊の交わりが、あなたがた一同と共にあるように（コリントⅡ13章13）」

聖霊は、イエスの母マリアを受胎させたり、イエスに啓示を与えたりと、これまた、なくてはならない重要な存在です。

「神・イエス・聖霊」は、どういう関係にあるのか？　この問題をめぐっては、ローマ帝国で何度も会議が開かれ、激しい論争となりました。最終的には、381年のコンスタンティノポリス公会議で「三位一体」の教義が確立しました。三位一体とは、「神・イエス・聖霊」は、3つで1つと考えます。つまり、神は1つしかないのですが、その現れ方や働き方の違いで、3つの状態（位格＝ペルソナ）があるということです。

よく使われる説明の仕方は、「神＝父、イエス＝子、聖霊＝神の力」というものです。万物を創造した神は「父」であり、人類救済のために地上につかわした救世主が「子」のイエスです。そしてイエスの登場以前から「神の力」は聖霊という形で世界に及んでいたといい

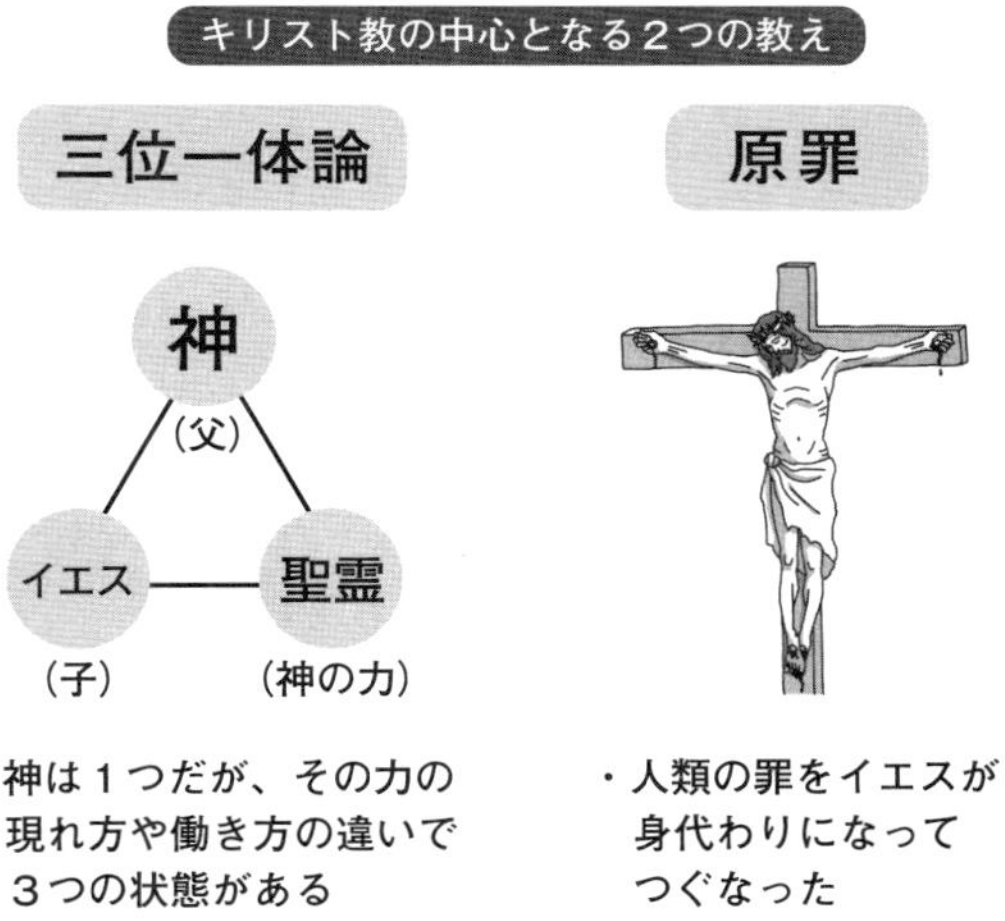
キリスト教の中心となる２つの教え
三位一体論
神
（父）
イエス
（子）
聖霊
（神の力）
・神は１つだが、その力の現れ方や働き方の違いで３つの状態がある
原罪
・人類の罪をイエスが身代わりになってつぐなった

ます。

ちなみに、キリスト教絵画では、父なる神を「白髪の老人」、イエスを「子羊」や「イエス」、聖霊を「白い鳩」で描くという伝統があります。

イエスが人類の罪をつぐなった！

次にキリスト教の「原罪」についてです。原罪の由来は、『旧約聖書』「創世記《そうせいき》」第3章にある、アダムとエバの堕落物語にあるといわれています。

「エデンの園で幸せに暮らしていた2人は、あるとき蛇にそそのかされて、神が食べることを禁じていた〝善悪を知る木〟の実を食べてしまう。目が開けた2人は、自分たちが裸であることを知り、いちじくの葉で腰を覆った。2人の裏切りを知った神は、男性には労働の苦しみ、女性には出産の苦しみを与えると告げ、楽園から追放した」

これ以降、2人を祖先にもつ人類はみな、神を裏切ったという罪を背負っている、と考えられています。これが原罪です。ですから**原罪の意味は「神の意志に反した行動」**ということです。盗みをしたとか、人を殺したとか、犯罪を指すわけではありません。

そして、この原罪は、だれもが生まれると同時に背負っていることになっています。では、どうしたらこの罪から逃れることができるのでしょうか？

そこで、イエスです。彼は、十字架に磔にされて死にましたが（P124参照）、この死は、**イエスが「人類の罪の身代わりとなった」**ことを意味するとされています。

そして、イエスが復活して昇天したということは、「神が人類の罪をゆるしてくれた」と解釈されているのです。キリスト教では、イエスが身代わりとなって行った神への罪の償いを信じることで、だれもが原罪から解放される、と教えているのです。

この原罪という考え方は、4～5世紀の神学者・アウグスティヌスが提唱した考え方で、いまもこの説は正統として受け継がれています。

【メシア思想はユダヤ教から生まれた】

ユダヤ教とキリスト教

Christianity No.3

一神教の誕生

キリスト教成立の背景となった、ユダヤ教のことをおさえておきましょう。

ユダヤ教の歴史は、エルサレムから遠く離れたウル出身のアブラハムからはじまります。アブラハムの一族は、遊牧民としてあちこちを移動して暮らしていましたが、あるとき神との間で、カナン（現在のパレスチナ）の地を与えるという契約（アブラハム契約）を結び、定住をはじめました。注意したいのは、ここに**「神と人間が契約を結ぶ」というユダヤ教に特徴的な概念**が生まれていることです。この概念はキリスト教にも受け継がれています。

アブラハムの孫はヤコブです。ヤコブは「イスラエル」と改名したので、彼らを「イスラエル民族」と呼ぶようになります。ヤコブの12人の息子は、十二部族にわかれ、イスラエル民族共同体をつくりました。その後、ヤコブたちイスラエル人は、飢饉を逃れてカナンからエジプトに下りますが、エジプトでは奴隷として辛酸をなめさせられました。この危機を救ったのが**モーセ**でした。

モーセは、神からイスラエル人救出の使命を託されます。紀元前1280年頃、モーセに導かれた人々は、神が2つに割った「葦の海」を渡って、奇跡的にエジプトを脱出します。

そして、シナイ山で唯一神ヤハウェとの契約を結び、**十戒**（基本的な倫理を定めた十の掟）を授かります。つまり、「十戒を中心とする戒律を守ることで、イスラエル人（その子孫のユダヤ人）が救われる」という契約が成立したのです。

一神教が誕生したのはまさにこのときです。それまでは、さまざまな神への信仰がありましたが、これ以降、人間に語りかけるヤハウェ神への信仰を深めていったのです。

苦難のなかでメシア待望論広がる

ユダヤ教の基礎の上にキリスト教ができた

ユダヤ教

紀元前 1280 年頃
モーセがシナイ山で
神との契約を結び十戒を授かる

↓

キリスト教

キリスト教の考えでは
ユダヤ人たちはこの戒律を破り
キリストによって
新しい契約がなされたとする

カナンに定着したイスラエル民族は、前11世紀、イスラエル王国を建国し、エルサレムに首都を置きます。王国は、サウル、ダビデ、ソロモンという王のもとで栄華を極めました。しかしソロモン王の死後、前922年に南北に分裂し、北のイスラエル王国は200年あまりで滅亡。南にいたユダという部族は、ユダ王国としてかろうじて生き残ります。**この部族がのちのユダヤ人**となります。

前586年、そのユダ王国も新バビロニアによって滅ぼされ、ユダヤ人はバビロンに連行されました（バビロン捕囚）。

この苦境のなかでユダヤ教の萌芽は生まれました。ユダヤ人たちは、こうした不幸な境遇に陥ったのは、戒律を守らず、神との契約を破ったからだと考えたのです。

そしてエレミヤという預言者は、**いつか「新しい契約」を結ぶ日がくる**、と預言しました。

「見よ、わたしがイスラエルの家、ユダの家と新しい契約を結ぶ日が来る、と主は言われる」（エレミヤ書31章31）

キリスト教では、この**「新しい契約」がイエスを通してなされた**と考えます。ここから、イエスについて記した文書を**『新約聖書』**と呼ぶようになっています。

一方、ユダヤ人のあいだにはメシア思想も生まれました。これも、キリスト教の成立に大きな影響を与えた考え方です。**「メシア」**とは、イスラエルの日常語であるヘブライ語で**「油を注がれた者」**という意味です。イスラエル国王の即位儀礼で、王の頭にオリーブ油を注いだ習慣からきていて、つまり「メシア＝イスラエル国王」を指しました。

イスラエル王国では、ダビデ王が理想的な君主として崇敬されていました。人々は、苦難の歴史のなかで、ダビデのようなメシアが再来し救済されると信じるようになります。これが救済者待望のメシア思想です。そのメシアは、神によって遣わされると考えます。

キリスト教では、イエスこそが神が遣わした救済者（メシア）だと信じます。**「救済者」のギリシア語訳が「キリスト」**です。ギリシア語で書かれた『新約聖書』にある「イエス・

キリスト」とはつまり、「救済者イエス」という意味です。「キリスト」は苗字ではありません。

律法中心の『旧約聖書』

前539年、バビロンを占領したペルシアによって祖国への帰還を許されたユダヤ人は、聖典**『旧約聖書』**を整えていき、ユダヤ教のかたちをとるようになりました。

ちなみに「旧約」とは、キリスト教徒からの見方です。当然ながら、ユダヤ教では自分たちの聖典を『旧約聖書』とは呼びません。たんに『聖書』や『ヘブライ語聖書』といいます。『旧約聖書』の中心をなすのが「律法（トーラー）」です。「律法」と呼ばれる5書（創世記、出エジプト記、レビ記、民数記、申命記）には、613個の戒律が示されています。

ユダヤ人は、ペルシア、セレウコス朝、ついでローマ帝国の支配下に置かれました。ローマの属国時代は、ヘロデ王がユダヤ人の王となっています。イエスが生まれるのは、ヘロデ王在位中です。ヘロデ王の死後、王国は3つに分割統治され、そのうちエルサレム周辺はユダヤ属州として、ローマ総督の直接統治下におかれました。イエスを処刑したポンテオ・ピラトは、ユダヤ属州の第5代総督です。

【預言通りベツレヘムで生まれた!?】

イエスの誕生と洗礼

Christianity No.4

マリア、処女懐胎

イエスが生まれたのは、**前4年**です。西暦1年がイエスの生年のはずでしたが、学術的な研究によって、それよりもやや早かったと考えられるようになっています。

イエス誕生にまつわるエピソードは、**「ルカ福音書《ふくいんしょ》」**に次のようにあります。

「ガリラヤのナザレに住む大工のヨセフと婚約者のマリアは、天使ガブリエルによって妊娠を告げられる（受胎告知）。ヨセフは悩むが、マリアを妻として受け入れる。

ローマ皇帝の命により、住民登録を出身地で行うことになったヨセフは、マリアとともに出身地ベツレヘムに旅立ち、そこで産気づいたマリアは、小さな家畜小屋でイエスを出産。このとき、メシア誕生のお告げを聞いた東方の賢者3人と羊飼いがお祝いにかけつけた。

一方、メシア誕生のお告げにおびえたヘロデ王は、ベツレヘムとその周辺の2歳以下の男児の皆殺しを命じたが、ヨセフとマリアは、天使に導かれてエジプトに逃げ、難を逃れた」

このエピソードで大事な点は、イエスがベツレヘムで生まれたことです。『旧約聖書』では、ダビデの再来とされるメシアは、ダビデの故郷ベツレヘムで生まれるとされているからです。

しかし、『新約聖書』のなかで初期に成立した「ヨハネ福音書」には、ある人が「メシアはガリラヤから出るだろうか」と疑問をはさんでいるので、当初は、イエスがガリラヤで生まれたとされていたことをうかがわせます。

また、最初に成立した「マルコ福音書」には、誕生や少年時代の記述は1つもありません。イエス誕生にまつわるエピソードには、大いに脚色があると考えられます。

30歳で出家

さて、イエスの人生は平凡なもので、故郷ナザレで大工として働いていました。

ところが30歳の頃になると、突然、家族も仕事も放り出して、出家のようなかたちで宣教活動に身を投じたのです。

イエスは、ヨルダン川のほとりで宣教活動を行っていた**ヨハネの洗礼**を受けます。

ヨハネは、「神の怒りの審判の時が近づいた」として、人々に罪の悔い改めを促すため、洗礼を施していた人物です。

人々は、ヨハネをメシアと考えましたが、ヨハネ自身はそれを否定して、「自分よりも優れた者が到来する」と預言しました。その「優れた者」が、イエスだったのです。

洗礼を受けたあと、修行のため荒野で断食をしていたイエスは、悪魔と対峙します。

悪魔は3つの誘惑をします。

「神の子なら、石がパンになるように命じてみよ」（悪魔）↓「人はパンだけで生きるものではない」（イエス）

「ここから飛び降りて、神が救ってくれるかどうか試してみよ」（悪魔）↓「神を試してはならない」（イエス）

「ひれ伏して悪魔を拝むなら、ここから見渡せるすべての国々とその栄華を与えよう」（悪魔）↓「神のみを拝み、神のみに仕えよ」（イエス）

イエスが宣教をはじめるまで
紀元前４年
イエスは大工のヨセフと
マリアの間に生まれる
大工をしていたイエスは
30歳の頃、ヨハネの洗礼を受け
その後、宣教活動をはじめる
時は満ち、神の国は近づいた
悔い改めて福音を信じなさい

こうして悪魔を退けたイエスは、宣教活動に入りました。

一方、イエスの師匠であるヨハネは、逮捕・処刑されてしまいます。ガリラヤの領主ヘロデ・アンティパスの女性関係を批判したこと、あるいは、ヘロデがヨハネの影響力拡大を恐れたことが原因とされます。

故郷ガリラヤで1人宣教をはじめたイエス。その第一声は、次のようなものでした。「時は満ち、神の国は近づいた。悔い改めて福音を信じなさい」（マルコ福音書1章15）

イエスは、すすんで貧しい人々や差別を受けていた人々のあいだに入っていきました。律法によって差別や偏見にあえいでいた人々を、愛の教えで救おうとしたのです（P102参照）。

そしてイエスは、人々の病を癒したり、さまざまな奇跡を起こしたとされます。あるときは、船が嵐に遭遇したとき祈りを捧げて嵐を鎮めたり、2匹の魚と5つのパンで5000人もの人の腹を満たしたりしました。ガリラヤでの活動は2～3年のことでしたが、イエスの噂が広まると、病気や悪霊などに苦しむ人々がイエスのもとに殺到し、大衆の支持を集めていきました。その人気ぶりに保守層は危機感を募らせました。

ところでイエスは、寝食をともにする**「十二使徒」**と呼ばれる弟子を選んでいます。彼らのほとんどは、漁師や蔑まれていた徴税人など貧しい庶民でした。また、のちにイエスを裏切るイスカリオテのユダをのぞいて、すべてガリラヤの出身です。「使徒」とは「派遣された」の意味です。十二使徒は、イエスから悪霊退治や病気治癒の力を授けられ、各地に派遣されました。

ちなみに「12」という数字には意味があって、**イスラエルの十二部族を象徴している**といわれています。ユダが自殺すると、すぐにマティアという人物を弟子に加えたほどです。

弟子たちはイエスに忠実に仕え、イエスの死後は、教会の指導者となり、また各地にイエスの教えを広める宣教の使命を果たしました。

【キリスト教はイエスの復活からはじまった】

イエスの処刑と復活

Christianity No.5

死を覚悟してエルサレム入場

地元ガリラヤで活動していたイエスは、紀元後30年頃、ついに**ユダヤ教の中枢であるエルサレム**に入ります。目的は過越祭《すぎこしさい》を祝うためでしたが、自分の教えによって、ユダヤ教を改革する狙いもありました。しかし、それはとても危険な行為で、イエスは自らの死を覚悟していたふしがあります。

エルサレムに入場したイエスは言いました。

「一粒の麦は、地に落ちて死ななければ、一粒のままである。だが、死ねば、多くの実を結

ぶ」(ヨハネ福音書12章24)

群衆に熱狂的に迎えられたイエスは、連日、**ファリサイ派**や律法学者らとの議論に臨みました。ユダヤ教のなかには、ファリサイ派、サドカイ派、エッセネ派という3つの分派がありましたが、ファリサイ派は律法重視で、律法を守らない民衆を差別していました。「ファリサイ」とは「分離する者たち」という意味です。

イエスは、正しいことを行うのに、いちいち律法の解釈にあてはめる必要はない、と批判します。これに憤慨したファリサイ派や律法学者は、イエスを危険分子と見なします。

死刑を望んだのは民衆だった!?

過越祭の日がきました。イエスは弟子たちといっしょに食事をとりました。

これが**「最後の晩餐」**です。イエスは、弟子たちにパンとぶどう酒をふるまい、「パンはわたしの体であり、ぶどう酒はわたしの血である」と言います。カトリックの聖体拝領やプロテスタントの聖餐式の儀式では、パンとぶどう酒をとりますが、これはこのエピソードに由来しています。またこのとき、イエスは弟子の裏切りを予告しています。

「見よ、わたしを裏切る者が、わたしと一緒に手を食卓に置いている」（ルカ福音書22章21）

具体的に名前はあげていませんが、裏切り者は、**ユダ**のことを指していました。食事を終えたイエスと弟子たちは、エルサレム郊外のオリーブ山に入り、祈りを捧げました。すでにこのとき、ユダはいなかったといわれています。祈りを終えたとき、ユダと武装した群衆があらわれ、ユダはイエスに接吻しました。接吻はイエスを逮捕するための合図でした。弟子たちは応戦しようとしましたが、イエスはそれを制止し、無抵抗のまま捕えられました。

なぜユダは裏切ったのか？「マタイ福音書」には、それによって**銀貨30枚**を手にしたと書かれていますが、これは当時の奴隷1人の値段です。イエスの命を売ったとすると、あまりにも安い対価です。ユダは、まさかイエスが死刑になるとまでは思っていなかったのでしょう。裏切りを後悔したユダは、首をつって死んだといわれています。

イエスはユダヤ教の裁判で有罪となり、ローマ帝国の総督ピラトに送られました。当時、イスラエルはローマの属州であり、死刑執行権は総督にあったからです。

しかし、ピラトはイエスに罪を見出せず、イエスの処刑を躊躇したといいます。ただ、これに関する聖書の記述は、鵜呑みにはできません。聖書が書かれた時代はローマ帝国での布教を行っていた時期で、ローマ帝国への配慮が幾分あった可能性があります。

過越祭では囚人を1人釈放することになっていたので、ピラトは、イエスか殺人犯バラバのどちらを釈放するか民衆に尋ねましたが、**民衆はイエスの死刑を選んだ**のです。イエスを熱狂的に迎えたエルサレムの人々がなぜ死刑を求めたのかは疑問ですが、あらかじめ反イエス派の人々が集められていた可能性があります。

十字架を背負わされたイエスは、**ゴルゴダ（「どくろ」の意味）の丘**の坂道をのぼりました。ここは現在、**「悲しみの道」（ヴィア・ドロローサ）**と呼ばれています。イエスは2人の強盗といっしょに、十字架にかけられ、その日のうちに息を引き取りました。多くの弟子は、イエスが捕まったときに逃げていました。イエスの最期を見届けたのは、イエスの身の回りの世話をしていたマグダラのマリアなど、少数の女性弟子たちでした。

逃げた弟子たちが再結集する

イエスは復活します。イエスの死から3日後、マグダラのマリアらがイエスの墓にいくと、墓があいていて、遺体がありませんでした。マグダラのマリアが泣いていると、「なぜ泣いているのか」と尋ねる人がいて、それがイエスだと気づきました。

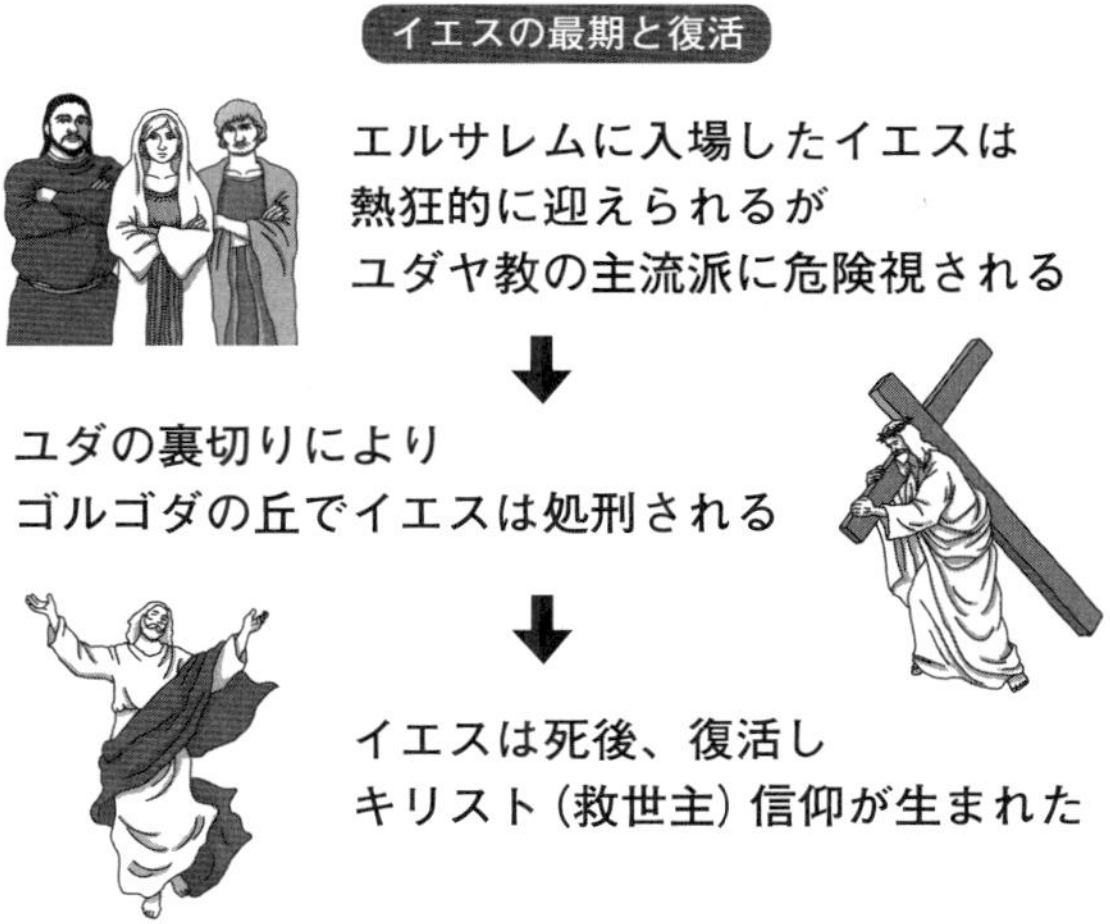
イエスの最期と復活
エルサレムに入場したイエスは
熱狂的に迎えられるが
ユダヤ教の主流派に危険視される
ユダの裏切りにより
ゴルゴダの丘でイエスは処刑される
イエスは死後、復活し
キリスト（救世主）信仰が生まれた

それから、弟子たちの前にもイエスがたびたび現れました。イエスは40日にわたって弟子たちの前に現れ、やがて天にのぼり、雲に覆われて見えなくなったといいます。

このイエスの復活の信憑性は確かめようもありませんが、**復活信仰**がイエス信仰者たちのあいだで、同時多発的に起きたことは確かです。

大事なことは、キリスト教の出発点が、このイエスの復活信仰にあったということです。

弟子たちは自分の保身を優先させて、いちどは逃げ出していますが、イエスの復活信仰から再結集し、キリスト教の運動が起きたということです。

【迫害者パウロが世界宗教に導く】

キリスト教の発展

Christianity No.6

パウロはファリサイ派だった

イエス昇天から40日たった日、エルサレムの家に集まっていた弟子たちのもとに、聖霊が降りてきました（**聖霊降臨**）。

これをきっかけに、**キリスト教の初代教会「エルサレム教会」**ができました。十二使徒を中心としたメンバーで、**ペトロ**が指導的役割を担いました。

彼らの一部はエルサレムを離れ、パレスチナ以外の土地（ディアスポラ）でも積極的に宣教活動を行いました。その結果、信者のあいだには、次の2つのグループができました。

世界中にキリスト教を広めたパウロとは？

ユダヤ教徒

イエスと対立したユダヤ教徒だった。その後、回心し、キリスト教の宣教者になった

一流の知識人

律法やギリシア哲学に精通した一流の知識人で、キリスト教の教義を理論的に深めた

教会を建築

地中海の都市に数多くのキリスト教会を創設し、キリスト教は広がっていった

「目からうろこ」という言葉は パウロが回心したときのエピソードに由来する

①ヘブライスト：パレスチナ地方で生まれ育った、ヘブライ語を話すユダヤ人
②ヘレニスト：パレスチナ以外の外国で生まれ育った、ギリシア語を話すユダヤ人

ヘレニストのなかでも有名なのが**パウロ**です。パウロは、キリキアのタルソス（現トルコ領）の裕福な家庭に生まれたユダヤ人で、親の代からローマ市民権をもっていました。

パウロは律法重視のファリサイ派の一員で、**熱心なユダヤ教徒**でした。イエスと激しく対立した、あのファリサイ派です。生前、イエスとは会っていませんが、律法をないがしろにするキリスト教徒は許せず、弾圧の先頭に立ちました。パウロは、キリスト教の迫害者だったのです。

ところが、迫害のためにシリアのダマスコ（現ダマスカス）に向かう途上、「天からの光」に目が見えなくなり、復活したイエスの声を聞きました。3日後、キリスト教指導者アナニアが訪れると、目からうろこのようなものが落ち、目が見えるようになりました。この体験で回心したパウロは、洗礼を受けて、キリスト教の宣教者となったのです。

新たな発見をしたときに使う**「目からうろこ」**という言葉は、聖書に書かれたこのパウロの話に由来しています。

エルサレム教会と対立する

ヘレニストたちの拠り所となったのが、シリアのアンティオキア（現トルコ領、アンタキヤ）に置いた教会です。ここを拠点に3回に及ぶ世界伝道旅行を行ったパウロは、地中海の都市に数多くのキリスト教会を創設しました。パウロの伝道活動によって、キリスト教は、普遍的な世界宗教へと脱皮していきます。

パウロは、律法やギリシア哲学に精通した一流の知識人で、キリスト教の教義を理論的に深めることにも貢献しました。『新約聖書』にはパウロが書いた手紙や書簡がたくさん取り上げられていて、27書のうち13書がパウロが記した文書とされています。

パウロの思想で重要なのは**「信仰義認論」**です。「義認」とは「神の救い」のことです。ユダヤ教では、律法を守ることで、神の救い（義認）があるとされていました。パウロはもともとはこの立場をとっていたわけです。

ところが、回心したパウロは、信仰（イエスの死によって人間の罪が償われたことを信じること）によって、神の救い（義認）があるとしました。これが「信仰義認論」です。

パウロは、**律法よりも信仰を重視した**のです。ところが、肝心のエルサレム教会のユダヤ人キリスト教徒たちは、あくまでユダヤ教の枠内に留まっていて、律法は守るべきだと考えていました。

とくに問題となったのは、割礼（幼児期に男性器の包皮を切り取る儀式）です。ユダヤ教の律法では、割礼を受けることが神を信じる証として、エルサレム教会はこれを異邦人も受けるべきだと主張しました。

49年、エルサレムで**「使徒会議」**が開かれました。お互いの主張は相容れず、役割分担で解決されました。つまり、ペトロらへブライストは割礼を受けた人々に宣教し、パウロらへレニストは割礼を受けていない人に宣教する、という協定が結ばれたのです。

結果、パウロらヘレニストは、異邦人への宣教を一手に引き受けることになりました。パウロがいなければ、キリスト教はユダヤ教の一派のままで終わっていたかもしれません。

56年頃、パウロはエルサレムで逮捕されました。ローマ市民であったためローマに護送され、62〜65年頃に殉教死したといわれています。

エルサレム教会は消滅に向かいます。

66年、ローマ帝国の総督による暴政に対して抵抗を強めたユダヤ人の急進派が武装蜂起し、**ユダヤ戦争**がはじまりました。ローマ帝国軍はユダヤ人の抵抗に手を焼きましたが、ローマ皇帝ネロが将軍ウェスパシアヌスを派遣し、70年、エルサレムを攻略します。

このときエルサレム神殿は破壊されました。西の壁の一部だけは破壊を免れましたが、これが現在の**ユダヤ教の聖地「嘆きの壁」**となっています。

ユダヤ人はエルサレムから追放され、亡国の民となります。この混乱でエルサレム教会も大きな打撃を受け、事実上、消滅しました。使徒たちは各地に散って宣教したともいわれます。その1人、ペトロはローマで殉教死しました。ペトロの埋葬された墓の上に立つのが、聖ペトロ大聖堂です。つまり、**バチカンのサン・ピエトロ大聖堂**です。

【キリスト教の２つの経典】

旧約聖書と新約聖書

Christianity No.7

『新約』でイエス到来

キリスト教の経典は２つあって、**『旧約聖書』**と**『新約聖書』**になります。

おさらいになりますが、『旧約聖書』では、イスラエル民族が神と契約を結びますが（旧約）、約束が果たされなかったのでバビロンの捕虜となり、救済者の到来を待ちわびる、という筋書きになっていました。これに対し『新約聖書』では、救済者イエスが到来し、イエスを通じて神との新たな契約（新約）を結びます。

『旧約聖書』はヘブライ語（一部はアラム語）で書かれていますが、『新約聖書』はコイネーと呼ばれるギリシア語で書かれています。コイネーとは「共通の」という意味です。アレクサンドロス大王の東方遠征以降（前4世紀）、コイネー（共通語）として広まったギリシア語が使われたということです。ちなみに、『旧約聖書』も、紀元前3世紀～前1世紀にかけて、エジプトのアレクサンドリアでギリシア語に訳されています。

ここではキリスト教オリジナル経典である、『新約聖書』の成り立ちと、その内容がどうなっているのかを見てみましょう。

異端の聖書に対抗して作られる

『新約聖書』は、全部で27の文書からなります。よく聖書はイエスが書いた、と勘違いされますが、そうではありません。聖書のなかにはイエスの言葉はありますが、**イエスが書いたものは1つもありません。**使徒や信者など16人以上の人物が書いています。

全体の構成は、「福音書」4文書、「使徒言行録」1文書、「書簡集」21文書、それと「ヨハネの黙示録」1文書、となっています。

『旧約聖書』は、紀元前5世紀～前1世紀頃にかけて記述され時間的な幅がありますが、『新

キリスト教の２つの経典の比較

旧約聖書		新約聖書
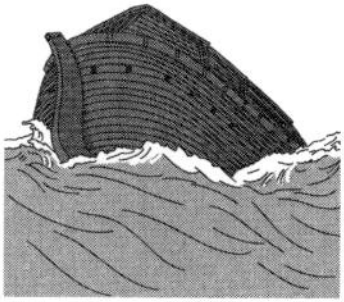 ノアの方舟		 イエスの海上歩行
イスラエル民族が神とする	契約	イエスを通じて新約をする
主にヘブライ語で書かれる	言語	ギリシア語で書かれる
紀元前５世紀～前１世紀頃	時期	紀元後１世紀頃
新約聖書を経典と認めていない	経典	旧約聖書を経典と認めている

約聖書』は、イエスの死から1世紀ほどの短期間にすべて書かれています。

ただ、はじめからキリスト教の経典を作る目的で書かれたわけではありません。この時代にさまざまな人物がさまざまな目的で書いた文書から、27文書を選んで正典ができました。正式に決まったのは、397年のカルタゴ会議においてです。

こうした**正典化の動きが起きた背景には、異端の存在**がありました。

2世紀半ば、ローマ教会に属していたマルキオンという人物が、『旧約聖書』と『ルカ福音書』と『パウロ書簡』のみを正典とする「マルキオン聖書」を作りました。しかしマルキオンは、『旧約聖書』とキリスト教の神は別物と唱えていた異端の存在です。そこでマルキオンの聖書に対抗する形で、のちのカトリック教会が、現在の『新約聖書』の形を整えていったということになります。

『新約聖書』の根幹をなすのは、**「福音書」**です。「福音」とは「良い報せ」の意味で、イエスがもたらす救済の恵みを指しています。福音書には、「マルコ福音書」「マタイ福音書」「ルカ福音書」「ヨハネ福音書」の4文書があります。いずれもイエスの生涯と言行、死と復活の様子が描かれていますが、イエス像には互いに矛盾する点も多く見られます。

定説によれば、ユダヤ戦争（P130参照）の前後に、最初の福音書である「マルコ福音書」ができたとされます。この文書は、福音書の中で最も短く簡潔です。イエスは、ユダヤ教の律法主義に対する批判者としての立場で描かれています。

この「マルコ福音書」と「Q資料」（現存しない）と呼ばれるイエスの語録集をベースに、「マタイ福音書」と「ルカ福音書」が書かれたとされます。このうち「マタイ」は、カトリック教会によってもっとも重視され、4福音書の冒頭に置かれます。ユダヤ教に対して融和的で、イエスはユダヤ教の反逆者ではなく、完成者との立場で描かれています。いずれにしても、「マルコ」「マタイ」「ルカ」は近しい関係にあり、この3つを「共観福音書」と呼びます。

残りの「ヨハネ福音書」は、一番後に書かれたもので、「神の子」としてのイエスの存在を強調して書かれています。

次に「使徒言行録」は、「ルカ福音書」と同じ著者による文書と考えられています。その著者とは、パウロが「協力者」と呼んでいる、医師のルカだという説があります。

対象読者は、非ユダヤ系のキリスト教徒が想定されています。「使徒言行録」のタイトルの通り、ここでの主人公はイエスではなく、使徒たちで、宣教活動やその苦難の様子が描かれています。エルサレム教会の発足から、アンティオキア教会の活動、そしてパウロを中心とした異邦人への宣教が語られます。

「書簡集」には21の書簡が収録されています。なかでも多いのがパウロが書いたものです。「テサロニケの信徒への手紙1」は、紀元後50年頃に書かれたとされ、福音書より古く、『新約聖書』で最も古いとされます。

パウロ書簡は、イエスが救世主であるというキリスト教信仰の核心を思想的・神学的に展開していて、また、教会のあり方など具体的にどう行動すべきかが書かれています。

さいごの**「ヨハネの黙示録」**は、いわば預言書です。世界の終末とイエスの再臨、そして新しい国の到来が語られます。著者は「ヨハネ福音書」とは別人だと考えられています。

【世界の創造と終末はどのように描かれているのか？】

キリスト教の世界観

Christianity No.8

神は無から世界を創造する

キリスト教の聖書には、世界のはじまりと、世界の終わりが描かれています。世界のはじまりは、お馴染み、『旧約聖書』の**「創世記」**（律法5書の最初の文書、P115参照）にあります。神による世界の創造、アダムとエバの誕生、楽園からの追放、そしてノアの方舟、という話が続きますが、これらの話は、ユダヤ人のオリジナルというわけではなく、古代メソポタミア地方で有力だった他民族の創世神話の影響のもとに作られていると考えられています。このうち、世界の創造がどう描かれているのか見てみましょう。

1日目、神は光を創り、昼と夜を分けました。2日目に大空、3日目に大地と植物、4日目に太陽と月、5日目に動物を創りました。そして、6日目に人間の男女を造りました。

「我々にかたどり、我々に似せて、人を造ろう」

ということですから、**神は自らの似姿として人間を形作った**ことになります。

「産めよ、増えよ、地に満ちて地を従わせよ」

神はこのように祝福して、人間をすべての生命の支配者としました。世界の出来映えに満足した神は、7日目を**休息日**にあてました。

この神による天地創造で注目すべきは、1日目の最初の一節にあります。

「はじめに神は天地を創造された」

これは、神が何もないところから世界を創り上げたということです。つまり、**「無からの創造」**です。実はこれは特異な発想です。

地中海世界に広がっていたギリシア的な創造神話では、すでに材料となる物質は存在していて、神はそれに形と構造を与えることで世界が創られたと考えられていました。日本神話に見られる「国産み」の話も同じです。

ところが、ユダヤ教・キリスト教では、神が無からすべてを創り出したとして、この世界は神の世界であり、だから信頼してよい世界だというメッセージになっています。ちなみに、宇宙誕生のビッグバン説では、何もない無から時間も空間も物質も生まれたということですから、科学的に見ても神による天地創造は興味深いものがあります。

魔王サタンが地上を破壊する

では、世界の終わりはどう描かれているのでしょうか?

まもなく世界が終わるという**「終末論」**は、『旧約聖書』の「ダニエル書」などに見られます。ただ世界が終わるだけでなく、その際に神による**最後の審判**が行われて、そのあとに、現在の世の中とはまったく異なる救いの世界がはじまるという考え方です。

世界の終わりというよりは、よりよい新しい世界のはじまりです。だから、王国の滅亡やバビロン捕囚など、数々の苦難に見舞われたユダヤ人にとって、いつか永遠の楽園が訪れるという終末論の思想は、心の支えとなりました。

この終末論の思想はキリスト教にも受け継がれ、『新約聖書』の「ヨハネの黙示録」に描かれました。キリスト教がユダヤ教と違うのは、**最後の審判を行うのが神ではなく、再臨し**

キリスト教の世界のはじまりと終わり

天地創造

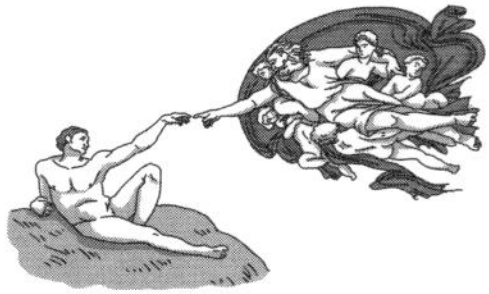

神が何もないところから
世界を創りあげた
(旧約聖書　創世記)

最後の審判

イエスが審判者となり
すべての人に裁きを行う
(新約聖書　ヨハネの黙示録)

終末論は教徒たちの心の支えにもなった

たイエスが行うという点です。

『使徒言行録』によれば、イエスが復活してから40日目に昇天したとき、2人の天使が現れ、「天に上げられたイエスは、天に行かれるのをあなたがたが見たのと同じ有様で、またおいでになる」と、イエスの再臨を予告しています。

ではイエスの再臨はいつになるかというと、最後の審判のときになります。『ヨハネの黙示録』の終末論を見てみましょう。「天界の玉座にある巻物の7つの封印が、子羊によって順次開かれていくと、7つのラッパが吹き鳴らされ、魔王サタンが地上を支配し、最後の災いが地上に降り注ぎました。大地震が起き、戦乱が起き、世界が崩壊します。その後、神が直接支配する〝千年王国〟が出現します。しかし、牢獄につながれていたサタンが再び地上に放たれ、千年王国は大混乱に陥ります。そこで、神が最後の罰としてサタンを地獄に落とし、世界から悪の要素が消え去ります。

このとき、イエスが再臨します。イエスは、死者を一斉によみがえらせ、自ら審判者となって、すべての人の裁きを行います。地獄行きとならず、永遠の命を与えられた者は、神が新しく創造した世界で幸福に暮らすことになりました」

結局のところ、終末論がユダヤ教徒の心の支えとなったように、**初期キリスト教徒にとってもこれは心の支えとなりました。**ローマ帝国において熾烈な迫害にさらされていたキリスト教徒は、イエスの再臨に希望を託し、絶望的な日々を耐え忍んだのです。その証拠に、『ヨハネ黙示録』では、ローマ帝国や皇帝が怪物のような姿で描かれています。

しかも彼らは、再臨はすぐに起きるだろうと考えていたようです。パウロなどは、自分たちが生きているうちに実現すると考えていました。ところが再臨は思ったほどすぐには実現しません。聖書には焦りや困惑が読み取れます（ペトロの手紙2　3章3‐13）。

再臨信仰は後世に引き継がれ、疫病の蔓延や天災、戦争が起きるたびに、再臨のきざしかと騒がれるようになるのです。

【最後の審判で行先が決められる】

キリスト教の天国と地獄

Christianity No.9

天国は〝来世〟ではなかった

キリスト教では**「天国」と「地獄」**をどのように描いているのでしょうか？

まず「天国」ですが、これは前項で見てわかるように、私たちが一般に考える**「来世」ではなく、この世界が終わって、新しく登場する世界**として描かれています。やがて神が新しく創造する世界ということです。

それはイエスの再臨によって実現されると信じられていましたが、すでにふれたように、イエスの再臨はいつまでたっても訪れません。すると、新しい世界に代わる別の希望の世界を語るようになりました。どういうことかというと、イエスは復活したあと天に昇りましたが、そこでイエスは「神の右」に座したという観念が生まれ、そこに信徒は迎え入れられると考えられるようになったのです。これが「天国」です。

のちのカトリック教会は、「天国」を指す用語として「パラダイス」をあてています。「パラダイス」とは、「囲まれた庭」を意味するペルシア語に由来する言葉で、もともとは『旧約聖書』の「七十人訳聖書」で「エデンの園」に対する訳で使われていた言葉です。

ところで、人は誰でも天国に行けるわけではありません。イエスによる最後の審判により、地獄に堕ちる可能性もあります。「ヨハネの黙示録」によれば、最後の審判の判断材料になるのは、その人の行状が記された書物と命の書だといいます。書物に記された行状によって裁きが行われますが、そもそも命の書に名前がない者は、即刻、地獄行きになるといいます。

では、「地獄」とはどんなところか？

聖書では「地獄」のことを、**「シェオール」と「ゲヘナ」**というヘブライ語で表しています。「シェオール」は、「黄泉《よみ》」とか「墓」の意味で、神との交わりを絶たれた状態や場所として使われます。一方、「ゲヘナ」は、エルサレムの南側にあるゲ・ヒンノム（ヒンノムの谷）のことです。

ヒンノムの谷は、異教の神バアルやモレクへの犠牲として幼児が焼かれていた場所で、あとには罪人が送られる場所とされました。ここが地獄のイメージの原型となりました。「ヨハネの黙示録」では地獄の様子を「硫黄の燃えている火の池」とだけ表現していますが、聖書外典「ペトロの黙示録」（135年頃）ではそのイメージが具体化しています。

「地獄は悪臭漂う荒野で、先のとがった岩や棘だらけの小枝に覆われ、血の池、燃える溝、糞尿の穴があり、そこに亡者が漬けられている。女たちは汚物の上に髪の毛で吊るされ悪魔に性器を責められ、男たちは毒虫や怪物に責めさいなまれている」

地獄に堕ちた者は、神との交わりは完全に絶たれていて、想像を絶する苦しみを永遠に味わうはめになります。それは「第二の死」とも表現されます。仏教の地獄は、あくまで輪廻する六道の1つであって出口がありました。それに比べると**キリスト教の地獄は出口がない**という点で、無慈悲といえるかもしれません。

地獄と天国のあいだを創る

地獄とはいえ、まったく救いのない地獄はあまりにも酷である、ということで、あとの時

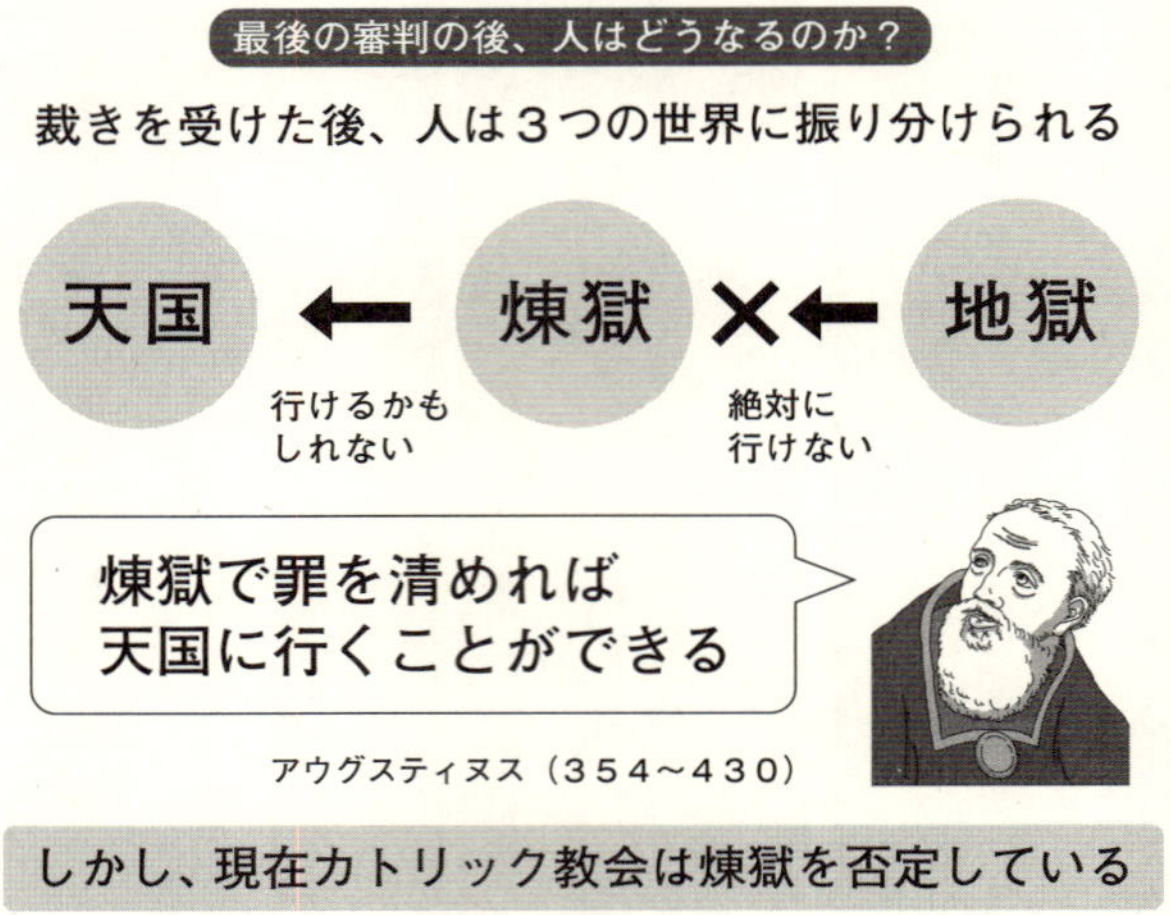
最後の審判の後、人はどうなるのか？
裁きを受けた後、人は３つの世界に振り分けられる
天国
煉獄
地獄
行けるかも
しれない
絶対に
行けない
煉獄で罪を清めれば
天国に行くことができる
アウグスティヌス（３５４～４３０）
しかし、現在カトリック教会は煉獄を否定している

代になると、天国と地獄のあいだの中間的な存在として**「煉獄《れんごく》」**が考え出されました。煉獄には、小さな罪を犯して死んだ人や、犯した罪の償いをしないまま死んだ人が送られます。彼らは、犯した罪の分だけ火で焼かれ、焼かれることで汚れた部分を清めます。そのことで、最終的には天国に受け入れられるといいます。

煉獄の存在を最初に示したのは、有名な教父で神学者の**アウグスティヌス**（354～430）でした。彼は、「人に対するいかなる罪や冒瀆の言葉も赦されますが、聖霊への冒瀆の言葉は赦されません」（マタイ福音書12章31）などという聖書の言葉を根拠に、罪を犯したら終わりではなく、罪を償うことで救われると考えました。そして、煉獄で罪を清めれば、天国に行けると教えました。この教えはカトリック教会に受け入れられました。

じつは、ほとんどの人は煉獄に行くといいます。煉獄で清められるためには、死んだ本人のふるまいだけではなく、この世の人間のふるまいも大事になります。つまり、遺族らが死者の冥福を祈ることや寄進をすることによって、死者は救われ、天国に行けるというのです。

そこで中世の修道院は、煉獄の存在をアピールして、死者の冥福を祈る典礼の実施や、寄進を呼びかけました。簡単にいえば、**煉獄はいい商売道具になった**のです。

煉獄は世間に浸透し、詩や絵画でも描かれました。イタリアの詩人**ダンテ**（1265～1321）は『**神曲**』において「煉獄編」を書いていて、罪人が罪の償いをしながら煉獄の山を登って天国に向かう様子を描いています。

しかし、16世紀の宗教改革で出てきたプロテスタント（P166）は、煉獄を批判しました。煉獄は聖書にはないものなので、でっちあげにすぎない、とはっきり指摘したのです。カトリック教会はもちろん反発しましたが、20世紀末になってから、煉獄という観念を放棄しています。

【キリスト教を大いに悩ませた】

キリスト教の脅威

Christianity No.10

この世界は邪悪だ！

ローマ帝国時代のキリスト教会には、大きく2つの脅威がありました。1つは**「異端」**、もう1つは**「迫害」**です。

「異端」というのは、のちのカトリック教会を正統と見たとき、その**正統とは対立する宗教思想**です。主な異端としては、イエスは最初から神の子だったわけではなく、洗礼をもって神の子になったとする**「養子論」**や、イエスの説いた神は『旧約聖書』の神ではないとする**「マルキオン派」**（P133）などがありました。

キリスト教が受けた2つの脅威

異端の発生

マルキオン

「養子論」やマルキオン派など
さまざまな考えが生まれた

ローマ帝国の迫害

民衆による迫害を受け
地下墓地で礼拝をした
（カタコンベ）

この脅威がキリスト教の結束を強めることにもなった

また**「グノーシス主義」**も異端の1つです。ギリシア哲学やペルシアの思想に由来するというグノーシス主義は、「霊」と「物質」という二元論を基本に、物質を悪と見なす考えです。

物質の領域であるこの世界は悪だから、この世界を創造したのは真の神ではない。真の神から離れた別の神的存在が邪悪なこの世界を創ってしまった。この邪悪な世界から解放されるには、イエスがもたらす「知識」（＝グノーシス）が必要だと考えます。そして、この世界に現れたイエスは真の肉体をもった人間ではなく、幻にすぎない「仮現論」を唱え、イエスの受肉（神の子が人間イエスになって地上に現れたという教え）や復活の教えはすべて否定します。

こうした異端の教えは、正統派を脅かす存在となりますが、しかしそれが正典の編纂や教義の統一を図るきっかけとなりました。

キリスト教徒は人肉を食う!?

もう1つの大きな脅威となったのが、ローマ帝国による「迫害」です。

当初、ローマ帝国はキリスト教を容認する姿勢をとっていましたが、帝国内に信徒が増えるにつれ、誤解や誹謗中傷により「いかがわしい宗教」というイメージが広がりました。

たとえば、キリスト教はパンとぶどう酒をイエスの「肉と血」として儀式を行うことから「人肉を食う」と噂され、「兄弟姉妹よ、愛し合いましょう」という挨拶から「近親相姦が行われている」と誤解されました。

そして、飢饉や地震などの天災が起これば、キリスト教徒の悪行のせいだとされ、民衆による迫害やリンチが起きました。皇帝もすすんで迫害に乗り出しました。有名なところでは、64年、ネロ帝が自ら行った放火の罪をキリスト教徒になすりつけ、ローマ格闘場で多くのキリスト教徒をライオンに襲わせた事件があります。1世紀末からは、皇帝は神とされ、皇帝礼拝が義務となりましたが、これを頑なに拒んだキリスト教徒は容赦なく処刑されました。しかし、キリスト教徒はローマ領内の地下墓地（カタコンベ）などに集まっては礼拝し、地道な伝道活動を続け、迫害のなかでかえって団結力を高めていったのです。

3世紀末、ディオクレティアヌス帝（在位284～305）は、広大な帝国を効率的に治めるために**「四分統治」**（領土を4つに分けて正帝2人・副帝2人の4人で統治する）を行いますす。ところが、これは混乱を招くだけでした。各地に正帝を自称する有力者が乱立し、互いに争う内戦に発展したのです。

この混乱を平定するため、皇帝コンスタンティヌス1世（在位306～337）は、キリスト教に目をつけ、帝国再統一の絆として利用します。313年、彼はミラノ勅令を出して、**キリスト教を公認**しました。厳密には、自分の信じたい宗教を自由に信じていいという「信教の自由」を打ち出したものですが、事実上、キリスト教がローマ帝国によって保護された、といっていいものです。

ローマ帝国で公認され、晴れて公の場で宣教活動や議論ができるようになると、改めて教義の統一が課題となりました。大きな問題となったのは、イエスが神かどうか、聖書に言及される聖霊は神そのものか、というものです。これらは、325年のニカイア公会議で「イエスの完全な神性」が認められ、さらに381年のコンスタンティノポリス公会議で「聖霊の完全な神性」が認められます。ここにおいて、神とイエスと聖霊は同一の神としての性質をもつという「三位一体説」が確立したのです。

一方、皇帝テオドシウス1世（在位379〜395）は、キリスト教保護の政策からさらに踏み込んで、392年、キリスト教をローマ帝国の国教とし、ほかの宗教をすべて禁止にしました。かつては迫害の対象となっていたキリスト教が、1世紀もたたないうちに、ローマ帝国の安定にとって欠かせない存在となったのです。

しかし、ローマ帝国の安定は長くは続きませんでした。テオドシウス1世の遺言に従い、395年、**ローマ帝国は東と西の別々の国に分かれた**のです。ここから**キリスト教も東と西に分かれ、別々の道を辿る**ことになりました。

東ローマ帝国（ビザンチン帝国）はそれから1000年以上も繁栄を誇り、それとともに**東方正教会**も発展しました。ところが、西ローマ帝国はゲルマン民族（いまのドイツ人やフランス人）の侵入によって476年に滅びました。ただ教会はゲルマン民族のなかで生き残る道を模索し、それが**ローマ・カトリック教会**となります。

【絶頂期を迎えたキリスト教】

教皇の権力と十字軍遠征

Christianity No.11

西欧社会の基盤ができる

西ローマ帝国が崩壊したあとの西欧社会は、ローマ教会とゲルマン人の権力者とのもちつもたれつの関係をベースに築かれました。

つまり、ローマ教会はゲルマン人の権力者を改宗させ、国王や皇帝としての正統性を与える代わりに、ゲルマン人の権力者は、ローマ教会を経済的、政治的、軍事的に保護したのです。

こうしたシステムをもとに西欧で最初に発展したのが、現在のフランスを中心としたフランク王国（5～9世紀）です。そのあとに、ドイツを中心とした神聖ローマ帝国（10～19世紀）が登場しました。

ローマ教会は、**教皇を頂点として、各地の司教がそれに仕えるという、ピラミッド型の組織**を作りました。これはローマ帝国の組織の作り方をそのまま応用したものです。

ローマ教会は、ローマ・カトリック教会という呼ばれ方をしますが、この**「カトリック」**とは**「普遍的」**を意味するギリシア語「カトリコス」を語源としています。全教会の「普遍的統一性」を強調した呼び名となっています。

ちなみに、キリスト教会の各地の指導者のことは、ローマ・カトリック教会では「（大）司教」と呼び、東方正教会では「（総）主教」と呼びます。とくにローマ司教のことは、ペトロ（P126）が「天国の鍵」を授かり、最初のローマ教皇になったとされる伝承から、**「教皇」**（俗称は「法王」）と呼びました。

イエス像を破壊しろ！

一方、東方（ギリシア）正教会は、ビザンツ帝国の保護下で安定的に発展しました。

組織的には、各地の総主教がいずれも使徒たちの後継者であるとされ、基本的に上下関係はありませんでした。各地の教会が並列的に存在したのです。だから、ロシア正教会やブルガリア正教会など、国や地域ごとに独立した教会組織ができました。ちなみに、東方正教会からすれば、ローマ教皇は1つの地域を管轄するただの「主教」にすぎません。

東方正教会にとっての悩みは、ビザンツ帝国が教会を手厚く保護してくれたのはよかったのですが、代わりに、皇帝が教会のやり方に大きく介入してくることがあったことです。ローマ教皇が、西ローマ帝国の皇帝と同等、ときには皇帝をしのぐ権力をもったのとは対照的です。ビザンツ皇帝の教会への干渉でもっともはなはだしい例が、イエスやマリアの彫像や絵などを飾ってはいけないとした726年の**「聖像禁止令」**です。これは聖書の記述に基づいた命令でしたが、当時、勢いを増していたイスラム教（偶像崇拝を禁じている）の影響が及んだものと見られています。

この命令によって、東方正教会の教会や修道院では、イコンと呼ばれる板絵の聖画像や彫像が破壊されました。しかし、ローマ教会はゲルマン人への布教の手段として聖像を利用して大きな成果を上げていたので、ビザンツ皇帝の命令には反発しました。これによって両教会の間の溝は深まったのです。最終的には、1054年、ローマの教皇レオ9世とコンスタンティノープルのケルラリオス総主教が互いに破門状を叩き付け、東西教会は分裂しました。

十字軍遠征が裏目に

11～13世紀にかけて、ローマ教皇の権力は絶頂期を迎えました。その象徴的な事件が、**「カノッサの屈辱」**（1077年）です。

これは、神聖ローマ帝国の皇帝ハインリヒ4世が教皇を廃位しようとしたところ、逆に教皇によって破門され、あわてた皇帝が教皇の赦しを願い出たという事件です。

当時、誰が教皇を任免するかでもめていましたが（聖職叙任権闘争）、結局この事件によって、教会側が任免権を取り戻し、**「皇帝よりも教皇が強い」**ということがはっきりしたのです。

ローマ教会の勢いは、**十字軍遠征**へ連なります。

十字軍遠征は、もともとはイスラム勢力の圧迫に対し、ビザンツ皇帝がローマ教皇を通して西欧諸国に助けを求めたのがはじまりです。ローマ教皇はこの呼びかけに応じることで、ビザンツ帝国に恩を売り、あわよくば東西教会統一を果たすことを目論みました。

教皇は、「聖地エルサレムがイスラム勢力に占領され、キリスト教徒が迫害されている」と西欧諸国に訴え、「聖地奪回」の大義の下、十字軍遠征は決まりました。実際には迫害な

キリスト教の力が絶頂期を迎えた

教皇を廃位しろ！

ハインリヒ４世

↓

しかし、逆に教皇に破門され
慌てて皇帝は赦しを乞うことになった
（カノッサの屈辱　1077 年）

このことで皇帝よりも
教皇が強いことがはっきりした

どほとんどなかったといいます。

11世紀末から13世紀末にかけて、十字軍は7回の遠征を行いました。1回目で聖地エルサレムの奪回に成功しましたが、そのとき、イスラム教徒やユダヤ教徒に対する大量虐殺があったとされます。突然、「侵略」を受けたイスラム教徒側は**十字軍との戦いを聖戦（ジハード）**とみなし、攻勢を強め、それ以降の十字軍はほとんど失敗に終わっています。

「聖地奪回」の大義は次第に忘れられ、第4回遠征では、あろうことか、本来救うべきビザンツ帝国を侵略しています。

結局、**十字軍の失敗は、ローマ教皇の権威を失墜させる**ことになりました。

【西欧を震撼させた魔女狩り】

暴走するキリスト教

Christianity No.12

異端者は火刑に！

「正統」を自認するローマ・カトリック教会に対し、その信仰を乱す恐れのある人物や集団が「異端」です。

12世紀後半になると、この異端の活動が活発になり、教会にとって脅威となりました。代表的なところでは、**カタリ派とワルドー派**があります。

カタリ派（南フランスでは「アルビジョワ派」）は、ブルガリア方面の民間信仰が十字軍によって南欧にもたらされたもので、肉食や結婚制度を否定し、極度に禁欲的な生活を営み

ヨーロッパ全土を襲った恐怖の異端審問制度

1184年
異端審問制度が作られた

↓

1231年には
異端のための裁判所といえる
「異端審問所」が設置された

↓

異端と断罪されると火刑などの
残酷な刑罰が科された

犠牲者の数は数十万人とも数百万人ともいわれる

ました。

ワルドー派は、フランス人商人ワルドーがフランス語の聖書を用いて行った運動で、財産を捨てて禁欲的な生活を送りました。

こうした異端の運動に対し、1184年、**「異端審問制度」**が作られました。これは、司教が担当地区を巡回して異端の容疑者を探すよう定めたものです。

さらに1231年には、異端のための裁判所といえる**「異端審問所」**が設置されました。主に修道士が審問官となり、異端者が裁かれるようになったのです。

裁かれるといっても、いちど「異端者」として告発された者に逃げ道はありません。容疑者は弁護士を依頼することはできず、拷問による自白が強要されました。異端と断罪されれば、罰金・財産の没収、牢獄への投獄、むち打ちなどの体罰といった過酷な刑罰が科されました。さらに改悛を示さない者は、火刑といった残酷な刑罰が容赦なく科されました。

異端審問には、本来の異端者だけでなく、政治的な利害関係などから敵対者が異端者として告発され、巻き込まれることも多々ありました。**テンプル騎士団やジャンヌ・ダルク**がその被害に遭っています。

また、密告が横行し、人々は隣人や自分の家族さえも信用できなくなりました。

15世紀末に異端審問所が設置されたスペインでは、この制度を利用して、ユダヤ教徒やイスラム教徒に対する大規模な迫害が行われたといいます。

弱者が魔女に祀り上げられた

民間法廷では、「魔女」が裁かれました。これが**「魔女裁判」**です。教会は公式には魔女裁判に関わっていませんが、繰り返し「魔女狩り」を呼びかけています。

魔女狩りの勢いに火をつけたのは、15世紀に出版された『魔女に与える鉄槌』（H・クラーマー、J・シュプレンガー）です。

この本は教皇の推薦文つきで配布され、魔女裁判の教科書とされました。

魔女狩りは、最初は王権や教会の政敵を取り除く口実として、政治的に利用されていましたが、それが民衆レベルに広がりました。

自然災害、疫病の発生、家畜の病気、性的不能、不妊などが起こるたびに、これは悪魔に魂を売った魔女が起こしているとして、社会的弱者が魔女として捕えられたのです。

だいたいは、人付き合いの悪い独り住まいの老女や、精神的に不安定な若い女性でした。告発された者は、拷問によって自白が強要されました。

魔女への拷問は過酷であれば過酷であるほど神聖とされました。そして自白すれば火刑となり、無罪放免されることはほとんどありませんでした。

その犠牲者の数は、ヨーロッパ全土で数十万人とも数百万人ともいわれています。

アメリカでも魔女狩り

魔女狩りを呼びかけたのは、中世カトリック教会ばかりではありません。

16世紀に興ったプロテスタント教会も魔女狩りに関わっていて、あのルター（P167）でさえも、繰り返し魔女狩りを呼びかけていたほどです。ルターがターゲットとしていたのはユダヤ人で、キリスト教に改宗しない無実の人々を死に追いやったといわれます。

また、カトリックとプロテスタントは、その**勢力争いのために巧みに魔女狩りを利用**し、敵対する宗派の人間を魔女に仕立てて、抹殺していったのです。

プロテスタント発祥の地、ドイツでは、とりわけ魔女狩りが盛んだったといわれています。

魔女狩りは新大陸にも飛び火しました。17世紀、すでにヨーロッパでは魔女狩りは衰えていましたが、植民地アメリカでは、大規模に行われていました。

有名な事件としては、**「セイラムの魔女裁判」**（1692年）があります。少女数人が原因不明の病で倒れたのは魔術のせいだという妄想が爆発的に広まり、150人もの女性が裁判にかけられ、そのなかには州知事の妻まで含まれていたといいます。この事件は、劇作家アーサー・ミラーの『クルーシブル』に著され、たびたび映画化されています。

異端審問所がなくなったのは、1810年、ナポレオンの時代です。また、ヨーロッパで魔女狩りによる最後の犠牲者が出たのは、1836年とされています。

キリスト教による理不尽な裁きと残酷な刑罰は、つい最近まで横行していたのです。

【キリスト教を発展させた中世スコラ学】

学問としてのキリスト教

Christianity No.13

「スコラ」とは「スクール」のこと

キリスト教がすべての基盤となっていた中世の西ヨーロッパでは、学問もキリスト教との結びつきのなかで発展しました。それが**「スコラ学」**と呼ばれる、**キリスト教独自の学問**です。

「スコラ」の語源はギリシア語の「スコレー」で、「裕福で余暇のあること」を意味します。生活に余裕のある人が学問をするのでこれが「学校」や「学問の方法」を意味するようになりました。英語の「school（学校）」は「スコラ」から来ています。

中世の学校は、修道院や聖堂に附属する形で存在していましたが、12世紀末頃になると、聖堂附属の学校が大学に発展していきました。こうして誕生したのが、イタリアのボローニャ大学やフランスのパリ大学、イギリスのオックスフォード大学、ケンブリッジ大学などです。スコラ学は、こうした各地の大学を拠点に展開したのです。

中世の大学の学びは、「講義」と「討論」の2つのスタイルがありました。「講義」は、教師が一方的に教えるものです。一方の「討論」は、あるテーマについて、教師と学生が、賛成と反対の立場から、きちんと論拠を示しながら論じるものでした。その論拠というのは、個人的な見方ではなくて、必ず過去の文献（たとえば、古代ギリシアのアリストテレスの著作など）から引用して示しました。こうして客観的・論理的に論じるなかで、知識を獲得していく学問の方法が、スコラ学というものだったのです。

では、スコラ学は何を論じていたのかというと、キリスト教の信仰でした。この場合、キリスト教の信仰を疑っているわけではなく、「信仰を前提として、それがどうやって説明されるかを学問的に紐解いた」ということになります。つまり、**信仰に学問的裏付けを与えようとした**のです。

概念をめぐって普遍論争勃発！

中世スコラ学の発展には、初期・中期・後期の大きく3段階があります。この流れをざっと見てみましょう。

初期スコラ学（9～12世紀）の代表は、「スコラ学の父」と呼ばれる**アンセルムス**（1033～1109）です。彼の有名な言葉としては「知解を求める信仰」「理解せんがために我信ず」があります。これは、「信仰とはどういうことか、論理的に説明して理解しよう」ということです。つまりアンセルムスは、**スコラ学の課題そのものを提示した**といえます。

初期スコラ学でもう1人重要なのが、アベラルドゥス（1079～1142）です。彼は、中世スコラ学で起きた「普遍論争」において重要な考えを示しました。普遍論争とは、「それぞれの概念は人間の存在に関係なく普遍的に実在するのか」ということで争ったものです。たとえば、「人間は原罪をもつ」という概念があったとすると、その概念が、人間が実際に原罪を犯す前から普遍的に実在したと考える立場が「実在論」で、反対に、それは人間の心がつくり出した単なる抽象的な概念にすぎないとする立場が「唯名論」だとしました。

このときアベラルドゥスは、アリストテレス哲学（事物の本質は、それぞれの事物のなかにあると考えた）の影響から、「普遍的な概念はそれぞれの事物のなかにある」という「アリストテレス的実在論」を唱えたのです。つまり彼は、実在論と唯名論の間をとったのです。

神の存在は証明できない？

中期スコラ学（13～14世紀）で活躍したのは、中世最大の思想家でもある**トマス・アクィナス**（1225頃～74）です。彼の功績は、神・キリスト・人間・世界・救いと裁きといった、信仰に関わるあらゆる根本的問題について論理的に体系的に論じたことで、それは大著『神学大全』にまとめられています。

普遍論争では、アリストテレス的実在論の立場をとりながら、「普遍的な概念には事物に結びつかないものがあって、その最高のものが神である」と考えました。また、**「神と人間は似ているところがあるので、神が創り出した事物のことを理解できる」**としました。

また彼は、「人間は原罪を犯したことで不完全になってしまったが、聖体の秘跡を与えることでまた完成に導かれる」と述べています。

後期スコラ学（14～15世紀）にあたるのが、**ウィリアム・オッカム**（1285頃～1347／49）です。オッカムは唯名論の立場をとり、「普遍的な概念は実在せず、実在

学問になったキリスト教

信仰を学問的に紐解いた中世スコラ学の変遷

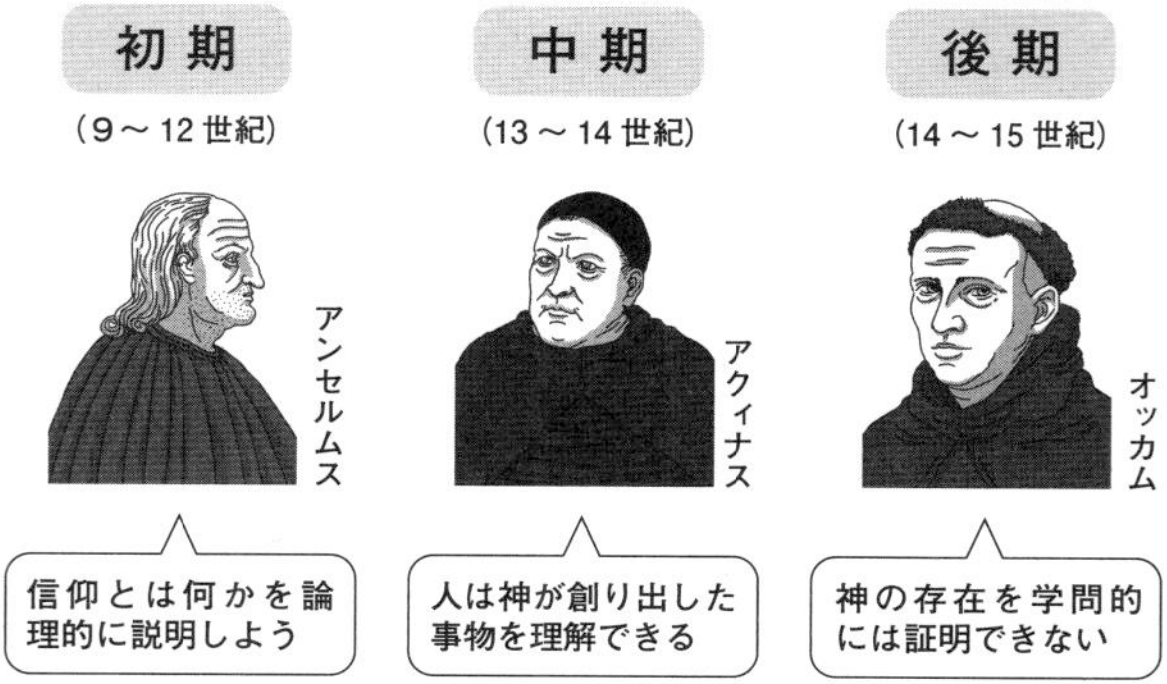

するのはそれぞれの事物だけ」としました。普遍的な概念は「記号」や「名前」にすぎないと考えました。

また、「神は人間の認識を越えた存在であるので、神の存在を学問的に証明することはできない」とし、「信仰を論理的に説明する」というスコラ学の課題そのものを否定してしまいました。つまり、**オッカムはスコラ学に終止符を打った**といえます。さらに彼は、「教皇は国の政治など、世俗の事柄に介入すべきでなく、純粋に宗教的な事柄にのみ関わるべき」と論じています。

もちろんオッカムは破門されましたが、彼は、その後の西欧社会の進む道を指し示していたといえます。

【キリスト教の原点に立ち返れ！】

プロテスタントの登場

Christianity No.14

教皇が2人になった!?

中世の主役を演じたローマ・カトリック教会の権威にも陰りが見えはじめました。その原因の1つは、すでに見たように、十字軍の失敗があります。教会は弱体化し、代わって各国の国王が力をもちはじめました。

教会と国王のパワーバランスの変化をあらわした顕著な例として**「教会の大シスマ」**があります。「シスマ」とは「分裂」の意味で、アヴィニョンとローマに2人の教皇が並び立つ事態が起きました。なぜそんなことになったかというと、各国の国王たちが自分の思惑で教皇を人形のように操っていたからです。それほど教皇の権威が失墜した、ということです。

もう1つの原因には、イタリアを中心に興った**ルネサンス**がありました。ルネサンスは、古代ギリシア・ローマの文化を見直すなかで、理性によって人間や世界をありのままに見ようとした動きです。理性によって正しくものを見ていくと、どうも教会の言うことはおかしい、という考えが人々の間に広まっていったのです。

キリスト教の原点に気づくルター

教会の教えを表立って批判した人には、イギリスの神学教授ジョン・ウィクリフ（1320頃～84）や、チェコのプラハ大学総長ヤン・フス（1369頃～1415）がいました。

しかし教会批判をするには時代的に早すぎたのか、ウィクリフは死後に異端宣告を受けて骨と著書が焼き捨てられ、フスは異端の罪で火刑に処せられました。

それに対し、教会批判から宗教改革の波を起こすことに成功したのがドイツの修道士**マルティン・ルター**（1483～1546）です。

彼にはもともと悩みがありました。修行や善行といった「行い」をいくら重ねても救いが確信できなかったのです。ところが、人は行いではなく「信仰によって救われる（＝信仰儀認）」という聖書の教えにあたり、納得がいきました。

「人が義とされるのは律法の行いによるのではなく、信仰による」（ローマの信徒への手紙3章28）

ルターはキリスト教の原点ともいうべき、信仰儀認の教えを人々に広めようとしました。世界史の教科書に出てくる次のようなエピソードは宗教改革の単なるきっかけにすぎません。「1517年、ローマ・カトリック教会は、サン・ピエトロ大聖堂改修の資金集めのために、罪の赦しを約束する贖宥状《しょくゆうじょう》（免罪符）をドイツで販売しました。これに対しルターは、抗議文として『95ヵ条の論題』を提示しました」

ルターは教皇の権威そのものを否定したので破門されましたが、ドイツにはルターを支える基盤がありました。教皇の搾取に苦しんでいた諸侯（小国の支配者）のなかにはルター支持派が多く、なかでもザクセン選帝侯フリードリヒ3世はルターを城にかくまってくれたのです。

ルターは、**神と人間をつなぐものは教会ではなく「聖書」である**として、その城のなかで

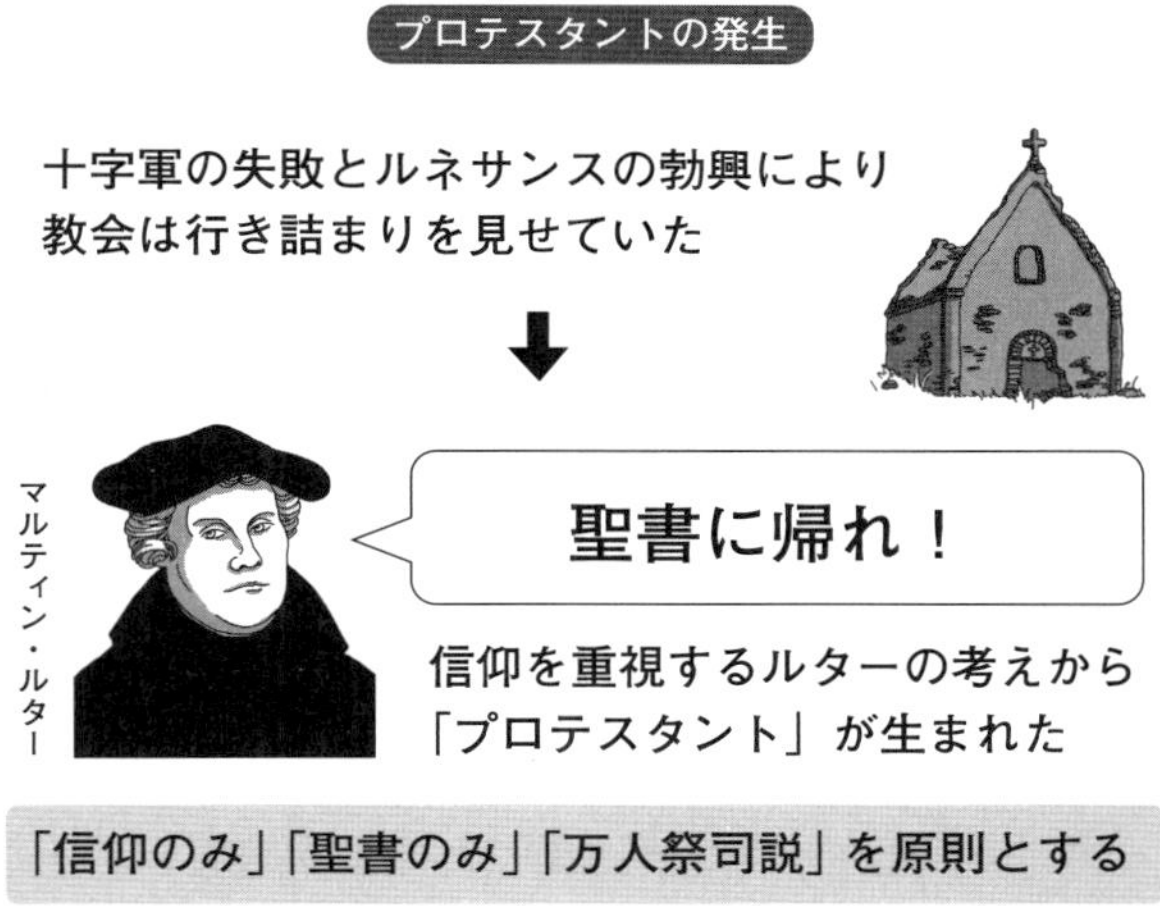
プロテスタントの発生
十字軍の失敗とルネサンスの勃興により
教会は行き詰まりを見せていた
マルティン・ルター
聖書に帰れ！
信仰を重視するルターの考えから
「プロテスタント」が生まれた
「信仰のみ」「聖書のみ」「万人祭司説」を原則とする

聖書のドイツ語訳を行いました。

そのドイツ語訳版は、当時普及しはじめたばかりだった**活版印刷によって大量に刷られ、民衆のあいだに広まりました。**じつは聖書はそれまで一部の人間しか読むことができませんでしたが、翻訳・印刷されることで、はじめて民衆が読めるようになったのです。

ルターの運動から生まれたのが**「プロテスタント教会」**です。「プロテスタント」とは「抗議する人」の意味です。

プロテスタント教会は、ルターの教えをもとに、**「信仰のみ」「聖書のみ」「万人祭司説」**の3つを基本原則としました。

このうち「万人祭司説」を説明しておく

と、これは聖職者と信徒の間に区別はなく平等ということです。プロテスタントには聖職者がいません。かわりに「牧師」がいます。牧師は教会の先生のようなもので、結婚もできるのです。

予定説が資本主義を生んだ？

宗教改革の波は、他国にも伝播しました。

なかでも重要な人物が、スイスで宗教改革をなしとげたフランス人の**カルヴァン**です。

カルヴァンは**予定説**を唱えました。予定説とは、「人間には救われる人間と救われない人間がいて、それはあらかじめ神によって決められている」として「もし救われる人間ならば、信仰をもっている」とするものです。すると人々は救われる人間であると思いたいので、信仰にそった生活を送ります。

その信仰生活で大事なことの1つが、神から与えられた天職をまっとうすることでした。だから人々は真面目に働くようになりました。

ちなみに、社会学者マックス・ヴェーバーは、カルヴァンの予定説が資本主義を生むきっかけになったと分析しています。信仰によって勤勉に働いてたまったお金が、資本主義の母体となる資本になったというのです。

一方、イギリスでは全く違った形で宗教改革が興りました。イギリス王ヘンリー8世は、別の女性と結婚するため、王妃キャサリンと離婚をしようとします。しかし、カトリックでは離婚が禁止されているので、結婚自体を無効にしてもらうため、教皇に頼みます。ところが、断られてしまったので、ヘンリー8世は、ローマ教会と縁を切ってしまったのです。これをきっかけにイギリスでは、カトリックとプロテスタントの要素をあわせもった、独自のイギリス国教会ができたのです。

【かつては禁止されていた】
日本のキリスト教

Christianity No.15

カトリックが反転攻勢をかける

カトリック教徒は、宗教改革の動きをじっと黙って見ていたわけではありません。まず1つの動きとしては、1545年の**トリエント公会議**があります。ここでは、もう一度、教義の正統性を明確にしました。

たとえば、プロテスタントの「聖書のみ」の主張に対しては、「聖書」に書かれたものでなくても、教会のなかで伝統的に伝えられてきた「聖伝」は重要であることを主張しました。煉獄の存在（P144）、教皇の役職と権威、秘跡（堅信、結婚、叙階）などは聖書に書かれていませんが、聖書の記述同様に権威があるとしたのです。また、プロテスタントの「信仰のみ」の主張に対しては、修行や善行などの「行い」も、神の恩恵に協力するものであるから、信仰とあいまって救いがもたらされる、と主張しました。

もう1つの動きとしては、**イエズス会の創設**があります。イエズス会は、スペインの軍人だったイグナティウス・デ・ロヨラや、フランシスコ・ザビエルらが中心となって、パリで設立された修道会です。「イエズス」とは、「イエス」に対するカトリックの伝統的表記です。イエズス会は、もと軍人が創設しただけあって強力な組織で、「より大いなる神の栄光のために」という標語のもと、命を省みず、**世界中どこへでも宣教活動**へ繰り出しました。ヨーロッパでは、プロテスタントの勢力が増すドイツを中心に活動し、カトリックの復権をめざす一方、ラテンアメリカやアジアでは新しい信者の獲得をめざしました。現在、中南米のほとんどの国がカトリック国であることは、イエズス会の宣教活動の大きな成果といえます。

神様が1人増えただけ？

日本には**ザビエル**がやって来ました。

ザビエルは、インドのマラッカで活動をしていたとき、日本人のヤジロー（アンジロー）と出会い、彼の知的能力の高さに驚き、日本宣教を決意したといいます。ただ実のところ、ヤジローは殺人を犯した逃亡犯だったといいます。

ヤジローの案内により、１５４９年、ザビエルは鹿児島に上陸しました。ザビエルは、鹿児島や大分、山口などで布教し、その後もトルレスやフロイスなど、多くの宣教師がやってきては布教し、庶民や大名を改宗させました。キリシタン大名のなかでは、大村純忠《おおむらすみただ》が、少年４人からなる天正遣欧使節を派遣し、スペイン国王やローマ教皇との謁見に成功しています。

ただ当時の日本人が本当にキリスト教を信じていたかというと、そうともいえません。大名にとっては、宣教師を通じた貿易で軍需物資を手に入れるという旨味がありましたし、庶民にとっては、宣教師が行う病院や孤児院などの世話になるために改宗したという面があったからです。日本人はもともと、神道から仏教までいろいろな神を受け入れていたので、**「神様が1人増えた」**程度にしか考えていなかったようです。

日本のキリシタンは厳しく弾圧された

日本におけるキリスト教

1549年
イエズス会のザビエルがやってきた

↓

しかし、多神教の日本では
神様が１人増えたという程度にしか思われなかった

バテレンを追放しろ

その後、秀吉の時代に始まった弾圧は
1873年にキリスト教が解禁されるまでつづいた

権力者のなかでは、外国の文化や技術に関心が強かった**織田信長がキリスト教徒を保護**しました。息子の何人かは洗礼を受けています。

ところが一転して、**豊臣秀吉**の代になると、１５８７年に**バテレン（宣教師）追放令**を発布し、キリスト教徒を弾圧しました。

そもそもキリスト教は先祖の霊を祀ることを禁止し、一夫多妻を認めず、切腹も認めないなど、当時の日本風習とはかけ離れていて、反社会的な宗教と見なされるようになったのです。

江戸幕府も、１６１４年にキリスト教禁教令を出して、キリシタン弾圧を強めました。踏み絵を使って信者を見つけては拷問を行っていたことはよく知られています。

１６００年代のはじめには、幕府の弾圧によって約４万人が殉教したといわれています。１６３９年からは鎖国に入り、宣教師は完全に締め出され、日本におけるキリスト教空白期に入りました。ただなかには、仏像のなかに十字架を隠したり、マリア観音をつくったり、秘かに信仰を守っていた**「隠れキリシタン」**がいました。

１８５４年、江戸幕府は開国に踏み切ります。すると、長崎の浦上では、隠れキリシタンが発見され、迫害を乗り越えた信仰の奇跡として各国に伝えられました。しかし、長崎奉行所はその信徒を逮捕して、弾圧しました。開国以降も、キリスト教禁止政策は変わらず、激しい弾圧はつづいていたのです。

キリスト教が解禁されたのは、１８７３年のことです。背景には欧米列強からの圧力がありました。キリスト教解禁と前後して日本にはさまざまな宗派が入ってきたので、日本のキリスト教はカトリックに染まるというよりは、さまざまな宗派が入り乱れています。

東方正教会からはロシア正教が、プロテスタントからはアメリカ聖公会、アメリカ長老教会、アメリカ・オランダ改革派などが入り、日本に根づいていきました。

現在、日本の総人口に占めるキリスト教徒の比率は、約１％となっています。

【時代とともに形を変える】

現代のキリスト教

Christianity No.16

地動説も進化論も認めない

カトリック教会には、ルターや英国教会を破門するなど、教義のうえで相容れないものは容赦なく切り捨てるという、唯我独尊的な傾向が見られます。この傾向は自然科学が唱える新説に対しても同じでした。

有名なところでは、**地動説を唱えたガリレオ・ガリレイを裁判で異端**としました。

キリスト教の教義では、地球が宇宙の中心にあるという天動説を採用していました。しかしガリレオは、宇宙を望遠鏡で観察することで、コペルニクスが唱えていた地動説が正しいと考えました。そのことを『天文対話』に書いて出版すると、ただの信徒が教義に口をさしはさむな、ということで、ガリレオは幽閉されたのです。ガリレオはあくまでカトリック教徒でしたが、19世紀の**チャールズ・ダーウィンは信仰を捨てて進化論を唱えています。**

キリスト教の考えでは、それぞれの生き物は神によって創造され、永遠に変わることのない「不変」のものとしています。しかし進化論では、生き物は不変の存在ではなく「変化」するものととらえます。１８５９年、ダーウィンはこの進化論を唱えた『種の起源』を発表しました。異端にこそならなかったものの、「神を冒瀆している！」と世間からの厳しい非難にさらされました。

ファンダメンタリズムが席巻

カトリック教会は自然科学が説明する世界観を認めません。しかし人々は、キリスト教が示す世界観よりも自然科学の説明のほうがどうも正しい、ということを感じはじめます。伝統的なキリスト教への信頼が揺らぎはじめました。

するとそんななか、もう一度、キリスト教の根本思想を徹底しようという反動的な動きが

現在を生きるキリスト教の課題

原理主義の存在

- 進化論を信じない
- 聖書の絶対性を強調
- 同性愛や妊娠中絶には断固反対する

その一方で ➡

柔軟な姿勢もある

- 他宗教との関係修復
- ガリレオの名誉回復
- それぞれの国の言語で聖書を朗読する

進化論を提唱したダーウィンを揶揄したイラスト（1871年）

しかし、同性愛問題
妊娠中絶問題
ジェンダー問題など
まだまだ課題は多い

できました。科学の発展に合わせて教義を改革するのではなく、逆に、聖書の絶対性を改めて強調して固定化しようとするものです。これが、20世紀初頭のアメリカであらわれた**「ファンダメンタリズム（根本主義）」**です。

アメリカでは、『聖書』は神の言葉ではなく、ある時代の人によって意図的に書かれたものとする科学的な研究が進んでいましたが、ファンダメンタリズムはこれに異議を唱え、**「聖書は誤りなき神の言」であり、そのまま言葉通りに理解すべきと主張**しました。神による世界創造、処女降誕、キリストの再臨と最後の審判も物語や伝説ではなく、本当のことだと信じるのです。「ファンダメンタリズム」は**「福音派（エヴァンジェリカルズ）」**と自称しています。ここから派生した、とくに戦闘的で狂信的な部分が**「原理主義」**とされます。

キリスト教原理主義者の存在が一躍脚光を浴びたのは、1925年の「スコープス裁判」でした。アメリカのテネシー州では**「学校の進化論を教えてはいけない」とする法律が成立**しましたが、学校で進化論を教えた教師ジョン・T・スコープスが訴えられました。結局、原告の原理主義者が勝訴するのですが、彼らの発言には非科学的で時代遅れのものが多かったので、世間から反感や風刺の的となりました。

ところが、その後もキリスト教原理主義の活動は収まらず、メディアや政治活動も駆使して熱心な伝道活動を展開しました。そのためか現在では、アメリカのキリスト教徒の多くが原理主義的傾向をもつといわれています。2009年のある調査によると、**アメリカで進化論を信じる人は、わずか39%**にとどまっているということです。

ファンダメンタリズムのような超保守派が生まれる一方で、カトリック教会は、戦後になってその独善的な姿勢を一変させています。

1つは**典礼改革**です。それまで教会で行われる聖書朗読はどの国でもラテン語を用いていましたが、これでは人々が聖書を理解できないということで、それぞれの国や民族の言葉で行われるようになりました。

もう1つは他宗教との関係修復で、東方正教会の総主教との相互破門を撤回し、ルター派教会や英国教会と関係修復を図りました。

自然科学の説明との折り合いも図り、1992年には**ガリレオの名誉回復**も行っています。

しかし、キリスト教には現代社会ならではの課題がまだまだいくつも残っています。

妊娠中絶問題では、キリスト教は伝統的に、神の意志に反する堕胎を禁じていますが、女性の権利が叫ばれた1970年代以降、多くのキリスト教国で堕胎容認の方向に動いています。しかし堕胎反対を唱える保守派との議論に決着はついていません。

ジェンダー問題では、キリスト教の男性中心主義があります。

たとえば、カトリック教会ではいまでも女性の聖職者を認めていません。これに対し、神の前での平等を唱え、またイエスの復活を目撃したのが女性であったことからも、女性が男性に劣っているとはいえない、との見方があります。キリスト教が男性中心主義を乗り越えられるか、大きな課題となっています。また、**同性愛問題**では、カトリック教会はこれを否定する声明を発表していますが、プロテスタント系の教会のなかには、同性愛者を受け入れている教会もあります。教会のなかでも大きな対立を生んでいる問題となっています。

【洗礼・告解・イースター・クリスマス】

キリスト教の儀式と行事

Christianity No.17

プロテスタントの秘跡は2つのみ

キリスト教には、**秘跡（サクラメント）**と呼ばれる儀礼があります。秘跡には、目に見えないイエスとのつながりを目に見える形で執り行う秘儀の意味があります。

秘跡は正式に定められていて、カトリックでは、1274年の第二リヨン公会議によって、次の7つを秘跡として定めました。**洗礼・堅信《けんしん》・聖体・告解《こつかい》・叙階・婚姻・塗油**の7つです。

一方のプロテスタントは「聖書のみ」の考えが基本ですから、聖書に根拠のある、洗礼と聖体（プロテスタントでは「聖餐《せいさん》」）の2つのみを秘跡としています。

では、1つ1つ見てみましょう。

「洗礼」は、キリスト教の入信儀礼です。12世紀頃までは全身を水に浸していましたが、その後は頭部に水を注いだり（滴礼）、額を洗礼盤の水につけたりして行うようになりました。洗礼は、もともとはユダヤ教の儀礼ですが、イエス自身がヨハネから洗礼を受けたことから、キリスト教でも継承されています。

カトリックでは、洗礼を受けただけでは正式に信徒と認められないのが普通です。信徒と認められるには、**「堅信」**が必要です。

「堅信」は、一定の年齢に達した信徒が、信仰を固める意味で行う生涯一度の儀礼です。宗教上の成人式にあたります。司祭が信徒の頭に手を置いて祈り、額に塗油《とゆ》します。

プロテスタントでは、同様の目的で信仰告白が行われます。

離婚はタブー!?

「聖体（聖餐）」は、聖書にある「最後の晩餐」にちなんだ儀礼で、キリスト教ならではの儀礼です。イエス復活後、弟子たちが共同の食事の形ではじめ、2世紀の中頃には食事と区別した儀式として成立していきました。

カトリックでは、聖体の秘跡をともなう礼拝を「ミサ」と呼び、通常、日曜日に行うようになりました。イエスが復活したのが週のはじめの日曜日の朝だったためです。

聖体では、イエスの体を象徴するパンと、イエスの血を象徴するぶどう酒が奉納され、共食されます。カトリックでは、聖体においてパンとぶどう酒がイエスの体と血に変化するという「実体変化説」が信じられていますが、プロテスタントはこれを否定しています。

「告解」は、懺悔のことで、自分の犯した罪を司祭に告白して赦しを受けることです。

「叙階」は、聖職者（カトリックでは、司教・司祭・助祭）の職務に就かせる儀式です。

「婚姻」も秘跡にあたります。婚姻は、単に両性の合意に基づく契約ではなく、神と人間、イエスと教会との神秘的な絆を象徴すると考えられるからです。

秘跡であるので、カトリックでは離婚を原則的に認めていません。民法上は離婚しても、宗教上は別居と見なされます。再婚となると、宗教上は重婚となってしまうので、所属する教会と解決すべき難しい問題となっています。

「塗油」は、司祭が病気の人にイエスの名を唱えて油（オリーブ油）を塗って祈ると救われるとして実践されてきたものです。12世紀頃から、臨終の病人に限定されるようになりまし

キリスト教の儀式

1274年に定められた７つの秘跡

洗礼　堅信　聖体　告解　叙階　婚姻　塗油

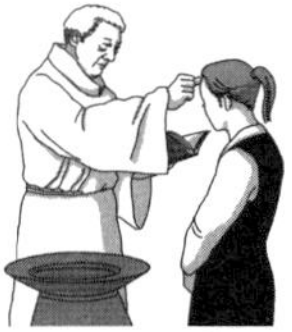
洗礼の様子

告解の様子

プロテスタントでは、聖書に根拠のある「洗礼」と「聖餐」の２つのみを秘跡としている

たが、今では臨終とは限らず、重病の人や手術前の患者にも行われるようになっています。

クリスマスは誕生日ではない？

さいごに、主なキリスト教の行事を見ておきましょう。

まず、お馴染みの**「クリスマス」**は、イエスの誕生を祝う祭日で12月25日に行われます。聖書にはイエスが生まれた日のことが書かれていませんが、次のような経緯でこの日がクリスマスとなりました。

キリスト教がローマ帝国に公認された4世紀当時、ローマ人やゲルマン人の多くは、ペルシア起源の太陽神ミトラスを崇拝していましたが、ミトラスは当時の暦で冬至の12月25日が誕生日とされ、その誕生を祝う習慣がありました。そこでキリスト教会は、この祭りをイエスの誕生を祝うものと再解釈して、広めていったのです。

「イースター」は、イエスの復活を祝う日で、春分の日のあとの最初の満月の次の日曜日にあたります。前夜から、イエスの復活を象徴する光の祭儀や聖書の朗読、聖体などを行います。イースターで用いられる「タマゴ」や「ウサギ」のモチーフは、春の到来を祝うゲルマン人の風習に由来するといわれています。

「ペンテコステ」は、復活祭から50日目に行われるので、やはり日曜日になります。「ペンテコステ」とは、ギリシア語で「50番目」の意味です。この日は、もともとユダヤ教の祭日（五旬祭）でしたが、イエスの復活・昇天後のこの日に聖霊が降って宣教の力を与えられたことから、教会の成立記念日として祝います。

その他の行事としては、幼子イエスが東方三博士の訪問を受け、その神性が顕わとなったことを記念する公現祭（1月6日、フランスではガレット・デ・ロワを食べる）、聖人にまつわるバレンタインデー（2月14日）、ケルト民族の冬の到来を祝う祭が起源となったハロウィン（10月31日）などがあります。

第二章

いちばんやさしい イスラム教の話

【唯一神アッラーへの絶対服従】

イスラム教の大原則

Islam No.1

ユダヤ教・キリスト教と同じ神

イスラム教の教えを端的に表すと、**「神への絶対服従」**ということになります。では、イスラム教の神とはどのような神なのか？　ここから説明していきましょう。

イスラム教の神は、**「アッラー」**といいますが、これはアラビア語の「アル＝イラーフ」を短縮した形です。

「アル＝イラーフ」は英語でいえば「the god」にあたります。つまりは、「アッラー」とは一般名詞の「神」をアラビア語でいったものにすぎません。

アッラーとはどのような存在なのか？

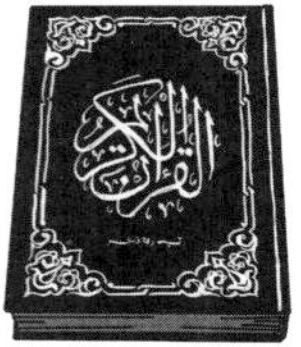

イスラム教の聖典
『コーラン』

汝らの神は
唯一なる神である

＝

アッラー
（アラビア語の「神」の一般名詞）

**イスラム教のアッラーは、その呼び方が違うだけで
ユダヤ教の神ヤハウェやキリスト教の神と共通の存在**

イスラム教の聖典『コーラン』には、「汝らの神は唯一なる神である」と記されています。「唯一神」ということですから、イスラム教は、ユダヤ教やキリスト教と同じく、一神教の宗教になります。

そして大事なことは、イスラム教のアッラーは、その呼び方が違うだけで、**ユダヤ教の神ヤハウェやキリスト教の神と共通の存在**とされていることです。

ただ、この3つの宗教が共通の神を信仰するといっても、**神の捉え方は少し違います**。ユダヤ教の神は限定的で、ユダヤ人だけが神の恩寵を受けられると考えます。キリスト教とイスラム教の神はオープンで、神の前では人種や性別、貧富を含めて平等とされています。この2つの宗教は、万人に開かれていたために、世界宗教として広まったのです。

キリスト教とイスラム教では、神以外の神性を認めているか、という点では異なります。キリスト教では、三位一体説にあるように、父なる神に対し、イエスは子、聖霊は神の愛を伝える存在とし、イエスと聖霊にも神性を認めています。

一方のイスラム教は、アッラーが唯一絶対神で、イエスの神性はもちろん、開祖のムハンマドに対しても神性を認めていません。この違いが、キリスト教徒とイスラム教徒のあいだで理解し合えない部分となっています。

慈悲深いアッラー

アッラーは、唯一にして絶対的な神です。

アッラーは、すべてのものを超越した存在で、宇宙のすべてを創造しました。自然も人間もアッラーがつくったとされます。

天地創造をしたのがアッラーということですから、アッラーは天地創造以前からいて、つまりはイスラム教という宗教は天地創造以前からあったと考えられています。

アッラーは、悪人に対しては罰を与え、善人にはよい報いを与える正義の神です。同時に慈悲深さも兼ね備えていて、『コーラン』には、**「慈悲深く、哀れみ深いアッラー」**と記されています。

悪いことをしても、あとで反省してその償いをすれば、赦しを与えてくれます。たとえば、神の命令に背いて楽園を追放されたアダムの罪は、のちに神によって赦されたことが『コーラン』に描かれています。このことから、キリスト教のような「原罪」の思想はイスラム教にはありません。

アッラーは、人間に似ていて、人間の言葉で人間のように語り、また人間のように見たり、聞いたり、喜んだり、怒ったりする人格神です。しかし、意思だけの存在であって、姿形はありません。

そのため、**イスラム教では信仰の対象として偶像をつくることを禁じています（偶像崇拝の禁止）。**モスクに行っても、アッラーの肖像画や彫像はありません。

以上のような唯一神アッラーへの絶対服従がイスラム教の根幹となるわけですが、アッラーへの絶対服従は宗教名の由来にもなっています。

「イスラム」とは、**「服従する（帰依する）」**を意味するアラビア語の普通名詞です。そして、イスラム教徒を指す**「ムスリム」**とは、アラビア語で**「神に絶対的に服従する人」**を意味します。ちなみに、動植物もアッラーがつくったものなので、動植物もムスリムという考えがあります。

ところでムスリムは、アッラーの意向をどのように知ることができるのか？

その役割を担うのが、神の言葉を預かる**「預言者」**です。

イスラム教の預言者といえば、**開祖のムハンマド**（P211）です。

ムハンマドは、アッラーから最初に次のような言葉を預かりました。

「すべてを創造する神が人間をつくった」

「神はもっとも尊いものであり、人間の知らないことを教えるのだ」

こうして預かった言葉は、人々に伝えなければなりません。神の言葉を伝えるのが「使徒」です。キリスト教には12使徒がいましたが、イスラム教の使徒はムハンマド自身だけでした。ムハンマドは預言者でありながら、かつ使徒としても活躍したのです。

「ムハンマドはアッラーの使徒なり」という言葉は、信仰告白（P195）でも唱えられることですので、とても大事なことです。

【六信と五行】イスラム教徒の義務

Islam No.2

ムスリムが信じるべき6つのこと

ムスリムであるためには、「アッラーへの絶対服従」が条件となりますが、では、なにをもって絶対服従といえるのか?

これについては、当時の神学者や法学者のあいだで論争となりました。この論争のなかで、ムスリムの最小限度不可欠とされる信仰内容と実践的義務が定められました。

それが**六信《ろくしん》と五行《ごぎょう》**です。このことは『コーラン』に記されています。まず六信としては、ムスリムが信じるべき6つのものを示しています。それぞれどのようなものか見てみましょう。

①神（アッラー）：唯一絶対のアッラーは不可視の存在なので偶像崇拝は厳しく禁じられています。

②天使（マラク）：天使は、アッラーの手足となって、アッラーの命令を忠実に実行する存在とされています。イスラム教では、天使も不可視の存在とされています。

天使にはいろいろいて、ムハンマドに神の啓示を伝えたジブリール（ガブリエル）や、天地の終末にラッパを吹き鳴らすイスラーフィル（セラーフィーム）などがいます。

③聖典（キターブ）：啓典ともいいます。聖典は、預言者を介して人間にもたらされた神の啓示をまとめたものです。聖典は『コーラン』だけかと思いがちですが、全部で140あり、そのなかには**『旧約聖書』『新約聖書』も含まれています。**

ムハンマド以前に新旧聖書を与えられた人々は、それらを正しく理解しなかったため、神はムハンマドを介してアラビア語で記した最後にして最高の言葉を『コーラン』として与えたと考えられています。

④預言者（ナビー）：アッラーによって遣わされた預言者のことです。預言者はムハンマドだけではなく、新旧聖書に登場する、アダム、ノア、アブラハム、モーセ、ダビデ、イエ

スなども含まれます。

⑤来世（アーヒラ）：『コーラン』にも、キリスト教と同じような終末論（P138）が語られています。

天使が吹くラッパの音とともに、終末が訪れ、すでに亡くなった人々は墓からあばき出され、生前の姿に戻され、アッラーの審判を受けます。そして、正しい信仰をもつ者だけが天国に行き、そうでない者は地獄へ行きます。この死後の世界の存在を信じなければならないとされています。

⑥天命（カダル）：人間の運命は、神の意志によってあらかじめ決定されていると信じなければなりません。ムスリムは、自分の意志も含め、すべては神の意志と考えます。

ムスリムがするべき5つのこと

次に、ムスリムに課された義務とされる、五行を見てみましょう。

①信仰告白（シャハーダ）：礼拝（サラート）のたびに、「アッラーのほかに神はなし。ムハンマドはアッラーの使徒なり」と唱えることで、アッラーへの信仰を誓います。

「アッラーのほかに神はなし」だけでは、ユダヤ教やキリスト教の信仰告白と同じになってしまうので、「ムハンマドはアッラーの使徒なり」が加えられました。

ちなみに、イスラム教徒になるには、この信仰告白を行えばよいとされています。そのときから、アッラーの前ではムスリムとなります。

信仰告白を正式に行うには、モスクなどで2人以上のムスリムの立会人の前で行います。正式に行うことで、イスラム機関から入信証明書をもらうことができます。

②礼拝（サラート）：礼拝は、朝・正午・午後・日没・夜の1日5回、メッカの方角へ向き、神をたたえるために行います。

③断食（サウム）：イスラム暦の9月の1ヶ月間、夜明け前から日没まで、飲食や喫煙、性行為などが禁じられます。

ただ、1ヶ月間なにも口にしないわけではなく、日没後は食事をとってもかまいません。

また、子ども、妊婦、病人、老人などは免除され、健康な成人が行います。

断食は、忍耐力を養い、精神の浄化をはかるとともに、**貧者の苦痛を思いやる**という意味をもっています。

④喜捨（ザカート）：喜捨は、自主的な布施ではなく、義務の献金です。

ムスリムがするべき５つのこと

アッラーに絶対服従する信者たちに課せられた「五行」とは？

①信仰告白（シャハーダ）
礼拝をするたびにアッラーへの信仰を誓う

②礼拝（サラート）
１日５回、メッカの方角に向かって礼拝する

③断食（サウム）
夜明け前から日没まで、飲食や喫煙などが禁じられる

④喜捨（ザカート）
自主的な布施ではなく、義務の献金。宗教税とも

⑤巡礼（ハッジ）
一生に一度は聖地メッカにあるカーバ神殿を訪れる

サラートの様子

１年間の収入に対して一定の税率が決まっていて、宗教税ともいわれます。金銭だけでなく、農産物や家畜、商品なども対象となります。自主的な献金は「サダカ」と呼ばれ、ザカートとは区別されます。

ザカートの用途は、貧しい人々や、神に仕える人などに分け与えることで、互いに助け合うことが義務とされています。

⑤巡礼（ハッジ）：お金があって、健康に支障のないムスリムは、一生のうち一度は、聖地メッカにある**カーバ神殿**を訪れなければなりません。これは、ムハンマドが亡くなる４ヶ月前に行ったメッカへの最後の巡礼「別離の巡礼」（632

年）を模した儀礼です。

巡礼が行われるのはイスラム暦の12月8日から10日までで、毎年、世界中から２００万人が集まり、ほぼ同時に一定の儀礼を行います。

巡礼を成し遂げると、男性は「ハーッジュ」、女性は「ハーッジャ」という称号が与えられ、ほかの信者の尊敬を集めます。

【豚肉タブー、一夫多妻制】

イスラム教徒の習慣

Islam No.3

病気を防いだ豚食のタブー

イスラム教には、日本の生活とは大きく異なる習慣があります。

食生活の面から言うと、**豚肉を食すことがタブー**とされています。これは『コーラン』にはっきり書かれていて、「豚肉を食べることを禁じる」というような言葉が4回も出てきます。

ムスリムは、豚肉を使った料理や加工品はもちろん、ラードや豚骨スープなど、豚から抽出されたあらゆる成分を口にできません。豚肉をさばいた包丁でさえ嫌われ、包丁を売る際には、「この包丁は一度も豚肉を切ったことがありません」というイスラム協会の証明をつけなければいけないことになっています。

なぜ、豚食が禁止されたかというと、当時の豚肉には、さまざまな寄生虫が潜んでいて、口にして健康を害する人が多かったから、という説があります。調理の技術や食品管理の技術が向上した現在では口にしても問題ありませんが、禁止が解かれることはありません。

食事のタブーは豚肉だけではありません。どんな肉でも、正しい方法でさばかれなかった肉は口にしてはいけないとされています。正しいさばき方とは、もっとも動物に苦痛を与えないとされる、頸動脈を鋭利な刃物で切断するという方法です。

こうした方法をはっきり示しているのも、撃ち殺された肉や、角で突き殺された肉など、傷みやすい肉を食べて、伝染病などにかかることを防ぐためだったと考えられます。

正しい方法でさばかれた肉は、**「ハラール」**といいます。肉のほかにも、魚、豆、牛乳、野菜、果物など、ムスリムが食べてもよいとされるものは「ハラール食品」と呼ばれています。イスラム教国やムスリムの人口が多い国や地域では、「ハラール」という証明書の取得と表示を料理店に義務づけ、食事のタブーを破らない仕組みができています。

アルコール飲料は禁止されています。『コーラン』では「酒は人間に対する恩恵である」として、初期のイスラム教では認められていましたが、酒を飲むと健全な精神と肉体を失い、アッラーの存在を忘れ、礼拝を怠るようになると考えられ、全面的に禁止になりました。

一方で喫煙は許されていて、ムスリムの男性はよく水タバコを嗜みます。また、コーヒーも15世紀に正式に認められ、コーヒーを愛飲する習慣が根づいています。

ヴェールは男性を守るもの?

イスラム教というと、**黒いヴェールで髪や顔を隠した女性たちの姿**を思い起こすのではないでしょうか。

女性がヴェールをかぶることは義務のように思われていますが、じつはこれは厳格に決められているわけではありません。

『コーラン』には確かに、「慎み深く目を下げて、隠すべきところは大事に守りなさい。外に出ている部分のほかは、わが身の美しいところは人に見せぬよう。胸にはヴェールをかぶせるよう」(24章31節)とあります。しかし、「顔や髪を隠せ」というような具体的な言葉はありません。

ヴェールをかぶる習慣には、イスラム教以前からの各地の風習も影響しています。そのため、ヴェールでどこまで隠すかは国や地域によっても異なります。頭から足首までを真っ黒な衣で覆って目だけを出している国もあれば、顔は出して髪だけを覆っている地域もあります。

ヴェールの役割は、女性が自らの貞節を守るためだと考えられますが、反対に言えば、男性が女性に誘惑されないように、つまりは男性を守るために機能してきたという見方もあります。

一夫多妻は女性擁護の仕組み

イスラム教では、**一夫多妻制**が認められてきました。一見すると男性にはうらやましい制度ですが、その目的は、砂漠に囲まれ過酷な環境で女性一人が生活していくことは難しいので、彼女たちの生活を守るために考えられたのです。**経済的に優位にある男性が、弱い立場の女性を保護することが目的**だったのです。

『コーラン』には「もし汝らが孤児を公正にしてやれそうもないと思ったら、誰か気に入った女をめとるがよい、二人なり、三人なり、四人なり。ただ、もし公平にできないようなら

イスラム教の習慣

ハラール

豚肉を食べてはいけないなどのタブーがある。食べてよい食品は「ハラール食品」と呼ばれ、マークが表示される

黒いヴェール

『コーラン』に具体的な表記はないが、広く根付いている習慣。国や地域によってその度合いは異なる

一夫多妻

経済的に優位にある男性が、弱い立場の女性を保護することが目的だった。妻を「公平に」扱うことが条件

厳しい戒律を持つイスラム教には独自の習慣がある

ば一人だけにしておくか、さもなくば自分の右手が所有しているもの（女性の奴隷）だけにしておけ」（4章3節）とあります。

　これは孤児の面倒を見るために結婚をすすめている一節ですが、「4人までは妻をもっていい」というメッセージを読み取ることができます。ただ**「公平に」**という前提があります。精神的にも肉体的にも公平にできるなら、4人まではOKということです。

　4人の妻を公平に養うとなると経済的な負担も大きくなりますから、これは誰にでもできることではありません。

　一夫多妻制は、女性蔑視という見方もありますが、本当は女性擁護的な発想から生まれているということです。

14人の妻がいたとされるムハンマドが、いつも女性たちを信頼し、差別的な言動をとっていなかったことからも、そのことは明らかです。

現在では、トルコやチュニジアのように法律で一夫多妻を禁止している国もあり、イスラム教国でも一夫一妻の家庭が一般的になっています。

【割礼、マハル、イード・アル・アドハー】

イスラム教の儀式と行事

Islam No.4

割礼はイスラム独自の習慣ではない？

イスラム教では五行（Ｐ１９５）を守ることが義務となっていますが、そのほかにも、一生を通してさまざまな儀式を行います。

まず、子どもが生まれたときですが、「アッラーのほかに神はなし、ムハンマドはアッラーの使徒なり」という信仰告白の言葉を聞かせます。これが生まれた子どもにとって最初に聞く言葉となります。誕生から7日目に親族・友人が集まり命名式が行われ、父親が名前を発表し、お祝いの宴が行われます。

12歳頃までに**「割礼」**が行われます。割礼は性器の一部を切る儀式で、子どもから成人への衣替えの意味合いがあります。無事終えた子どもたちは、親族・友人と盛大なお祝いをします。

ところで、割礼は古代から世界各地に伝わる慣習で、イスラム教独自のものではありません。『コーラン』にも割礼への言及はありません。なので、イスラム社会では割礼が合法かどうかという論争がつづいています。

現在のところ、ムスリムの男性はほとんど割礼をすることが習慣となっていますが、女性の割礼は行われない地域もあります。

医学的見地から見ると、女性の割礼は肉体的・精神的な副作用が少なくないので、反対論が強まっているのが実情です。

婚前の男女交際はタブー

次に「結婚」ですが、イスラム世界では、原則として、正式な結婚が成立しない男女の交際は認められていません。いとこ同士のような親族以外は男女の交際はタブーで、このルー

イスラム教の儀式と行事

割礼

12歳頃までに行われる性器の一部を切る儀式。『コーラン』に言及がないことから、合法かどうかという議論がある

マハル

結婚時に半額が支払われ、残金は離婚などのときに支払われる結納金のようなもの。金額は人によって異なる

イード・アル・アドハー

ヒジュラ暦12月10日から４日間行われる儀式。羊、山羊、ラクダなどの家畜を犠牲に捧げる

イスラム教には生涯を通してさまざまな儀式がある

ルを破ると、一族に「淫乱の血」が流れていると見られ、厳しく糾弾されます。

よく伝え聞く悲しいエピソードがあります。

婚約をしていた娘が、毎朝すれ違う男性に微笑みかけたことから、町で「淫乱な娘である」という噂が広がり、父親が躊躇なく愛娘を殺したというものです。

一族のなかの「淫乱な血」を絶つための行為ですが、驚くべきは、こうした父親は裁判で無罪となることです。子どもの命よりも一族の血を優先すべきという考え方が、広く認められているということです。

結婚相手は誰でもいいわけではありません。結婚にはムスリムの連帯を強めるという意味があるので、異教徒との結婚は許されていません。ただし男性は、キリスト教やユダヤ教の女性との結婚は許されています。これは同じ**「啓典の民」**（P223）という発想に基づいています。

結婚に際しては、マハルの額や離婚のときの条件などを細かく記した契約書をとりかわします。**「マハル」とは結納金のようなも**ので、通常は結婚時に花婿から花嫁に半額が支払われ、残金は離婚などのときに支払われることが多いです。つまり、イスラム教では、結婚するときに離婚する場合の慰謝料が決められているということです。

このマハルの額は、女性の学歴や社会的地位、資産、あるいは美人かどうかなどによって決められるといいます。高学歴の女性はマハルが高くなりがちですが、それによって結婚できないという女性もいて、問題となっています。

イスラム教には神父・牧師に相当する者がおらず、教会もないので（モスクは礼拝をする場所にすぎません）、結婚式は好みの場所で行われます。証人として2人の成人したムスリムが立ち合い、一般に公表することが求められています。

最後に「死」についてです。

『コーラン』には、「死の天使イズラーイールがやってきて、人間の肉体から霊魂をぬきとる」とありますから、人間の死は、霊魂が肉体から離れることだと考えられています。**死者は「最後の審判」のときによみがえる**（Ｐ２３９）と信じられていますので、遺体は土葬にします。けっして火葬にしません。遺体の顔はメッカの方向に向かせて埋葬します。

メッカ巡礼後には犠牲祭が開かれる

イスラム教には、重要な行事（イード）が2つあります。

1つは**「イード・アル・フィトル（断食明けの祭事）」**。

これは断食の月であるヒジュラ暦9月が終わったことを祝うもので、次の月の1日に行われます。

もう1つは**「イード・アル・アドハー（犠牲祭）」**です。

ヒジュラ暦12月8～10日のメッカ巡礼から4日間にわたって行われるもっとも大きなお祭りです。

「アドハー」とは「犠牲」の意味で、このお祭りでは、羊、山羊、ラクダなどの家畜を犠牲に捧げます。これはアブラハム（Ｐ１１１）が息子イスマイールの代わりに、一匹の子羊を捧げた話に由来するものと考えられています。

殺した家畜は肉にされ、家族や友人、また貧困者らにもわけられます。同じものを食べているという意識がイスラム教では重要な意味をもちます。

ちなみに、イスラム教の宗教行事は、私たちが普段使っている西暦ではなく、**ヒジュラ暦**にしたがって行われます。ヒジュラ暦は、ムハンマドがメッカからメディナに移住した西暦622年7月16日を元年と定めた太陰暦です。なので、ムハンマドがメッカから「脱出した」ことを意味する「ヒジュラ」の名前がついています。

【聖地メッカで迫害に遭う】ムハンマドの生涯 その１

Islam No.5

幼くして父母を亡くす

５７０年、ムハンマドはアラビア半島の**メッカ**に生まれました。

当時の世界は、東のササン朝ペルシアと西のビザンツ帝国（Ｐ２６２）が争っていたため、東西を結ぶ貿易路は、アラビア半島に限られていました。メッカはその東西貿易の最大の拠点として繁栄していたのです。

巨大な富が集まっていたメッカですが、メッカ市民みんなが潤っていたわけではありません。富のほとんどは、有力な部族である**クライシュ部族**によって握られていたからです。

じつはムハンマドはクライシュ部族の一氏族の**ハーシム家**の長男として生まれています。では、ムハンマドも富裕層に属していたかというと、そんなことはありません。クライシュ部族のなかにも貧富の格差があったのです。

ムハンマドが生まれる直前、父親は亡くなりましたが、母親と子どもに残されたものは、5頭のラクダと数頭の羊だけだったといいますから、貧困な家庭だったといえます。

しかも、ムハンマドが6歳のときに母親も亡くなり、養父となってくれた祖父も2年後に亡くなりました。なのでムハンマドは、ハーシム家の家長である叔父アブー＝ターリブのもとで育てられました。

ムハンマドは叔父から商売の手ほどきを受け、優秀な商人として身を立てます。富裕な未亡人ハディージャのもとで働くことになったムハンマドは、25歳のときに隊商をまかされました。このとき、ムハンマドの商人としての素質と誠実な人柄を気に入った**ハディージャ**は、人を介してムハンマドに結婚を申し出て、2人は結ばれました。

結婚したとき、ハディージャは40歳だったといいますが、3人の息子（息子は全員幼児のときに早世した）と4人の娘をもうけたというから、実際はもっと若かったかもしれません。

ムハンマドは、ハディージャとの結婚によってはじめて、経済的安定と温かい家庭を手に

ムハンマドは商人から預言者になった

５７０年、ムハンマドは
アラビア半島のメッカに生まれた
(現在はサウジアラビアに位置する)

↓

商人として身を立てたムハンマドは
25歳のとき、隊商をまかされた

↓

ヒラー山の洞窟にこもるようになり
40歳のときに天使ジブリールの
啓示を受け、預言者になる

することができたのです。

40歳で預言者となる

生活の安定をえると、人は改めていろいろなことを考えるものです。ムハンマドは、当時のメッカの理不尽な状況に怒りを募らせていきました。

経済的繁栄は財力による人間の格差を生み出すだけではないか……。もともと遊牧生活をしていたアラブ人は、本来は部族のなかで互いに助け合う連帯意識を大事にしていたはずだが、クライシュ部族の一部の特権階級によって連帯性は崩壊している……。

ムハンマドは、メッカ郊外のヒラー山の洞窟に毎年一定期間こもって、そんなことを考え込むようになりました。

すると610年のある日、40歳になったムハンマドが、洞窟のなかでうとうとしていると、異様な体験をしました。天使ジブリール（ガブリエル）があらわれ、文字の書かれた錦織の布を突きつけ、「誦め！」と命令してきたのです。ムハンマドは読み書きができなかったので、「私は誦めません」と言うと、天使は次のように唱えました。

「誦め！　創造主なる主の御名において。いとも小さき凝血より人間を創られた。誦め！汝の主はこよなく有難いお方。筆をもつすべを教えられた。人間に未知なることを教えられた」（『コーラン』96章1‐5節）

これが**最初の啓示**にあたります。ムハンマドは聞いたように唱えました。

このとき、ムハンマドはそれが天使だとはわかりませんでした。あまりのことに震え上がり、一目散に山を駆け下り、妻ハディージャの膝にすがりついて恐怖を訴えたといいます。

その後も何度か啓示はつづきました。

妻ハディージャは、ムハンマドの体験を親類の一神教の信者に話すと、「ムハンマドは間違いなく預言者になった」と述べました。それでハディージャは、ムハンマドに、「あなたは預言者なのだ」と励ますようになりました。

ムハンマドも、自分が預言者であることを自覚するようになりました。キリスト教の礼拝において『聖書』が誦読されていることを知ったムハンマドは、そのような啓示の書が自分に授けられていると考えるようになりました。

ムハンマドは、ハディージャや奴隷のザイド、幼なじみの**アブー・バクル**など、身内のなかで教えを説いていましたが、613年からは公然と市民に教えを説くようになりました。

そのころのアラブ人は、人々がそれぞれにさまざまな偶像を祀って信仰している、多神教の状態でしたが、これに対しムハンマドは、アッラーの唯一性を説き、それに帰依することを勧めました。

現世での行為は、最後の審判の日にアッラーによって裁かれることの恐ろしさを訴え、現世での行為を改めることを説きました。

またムハンマドは、富の公平な分配、貧者の救済、商業独占化の禁止、道徳の確立、部族間紛争の終焉などを訴えました。

これは事実上、クライシュ族の支配体制を否定するもので、クライシュ族が黙って見ているはずはありませんでした。

【強力なリーダーとしてメッカ凱旋を果たす】

ムハンマドの生涯　その2

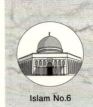

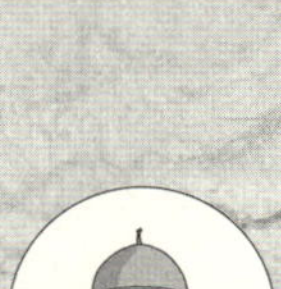

Islam No.6

メッカを諦め、移住（ヒジュラ）する

メッカでイスラム教を興したムハンマドに対し、経済的政治的利権を脅かされると警戒したクライシュ族は弾圧をはじめます。

そんななかムハンマドは、信仰と権力の象徴であった**カーバ神殿**に乗り込みました。

当時のカーバ神殿は**さまざまな信仰の対象である神像**が祀られていて、アラビア半島各地から巡礼者が訪れていました。唯一神アッラーを唱えるムハンマドにとって、多神教を祀ることは受け入れ難いものでした。

ムハンマドは神殿に入ると、「アッラーのほかに神はなし、ムハンマドはアッラーの使徒なり」と宣言しました。

これでクライシュ族のさらなる憤慨を買い、ムハンマドたちへの迫害はエスカレートしました。

状況は厳しくなる一方です。布教は広まりを見せず、メッカのムスリムは70名ほどしかいませんでした。

しかも叔父アブー＝ターリブと最愛の妻ハディージャが相次いで亡くなり、ムハンマドは精神的にも孤立しました。これで終わりかと思われました。

そんなとき、意外なところから助け舟があらわれました。

メッカの北方約350キロにある**ヤスリブ**という町で部族間の抗争が激化し、この混乱を鎮めることができるのはムハンマドしかいないと、620年、6名の巡礼者が彼に会いに来たのです。

その後も次々にやってくるヤスリブの巡礼者は、ムハンマドを預言者と認め、彼が町の抗争を平定してくれると確信し、いっしょにヤスリブに移住することをすすめました。

移住を決意したムハンマドは、622年7月、まず信徒の一部をヤスリブに移住させ、その後、ムハンマドもメッカを離れ、9月24日に無事ヤスリブに到着しました。

これがムハンマドの**「ヒジュラ（移住）」**です。この年（西暦622年7月16日）を年初とするのがイスラム暦の「ヒジュラ暦」になります（P210参照）。

ヤスリブはその後、「マディーナ＝アンナビー（預言者の町）」と呼ばれるようになりました。「マディーナ」が訛って、一般には**「メディナ」**と呼ばれます。

宿敵メッカ軍を打ち破る

メディナに移住してきたムスリムと、もともと住んでいたムスリムは、ムハンマドを中心に団結を強め、**信仰をもとにした1つの共同体**（ウンマ　P221）を作っていきました。

部族や血族をもとにしたつながりを基本単位としてきたアラブ人にとって、これは画期的なことでした。

メディナのイスラム化もうまく運び、627年頃までには、メディナのほとんどの人がイスラム教に改宗したといいます。

もともとメディナの支配者はユダヤ教徒でしたが、日が経つにつれて、ムスリムの町に変

アラビア半島がイスラム教に統一されるまで

クライシュ族の弾圧を受けたムハンマドは信仰と権力の象徴になっていたカーバ神殿に乗り込んだ

↓

この行為によって迫害が激しさを増しヤスリブ(メディナ)に「ヒジュラ(移住)」する

↓

メディナをイスラム化したムハンマドはメッカ軍を破り、メッカに戻るアラビア半島はイスラム化していった

わっていったのです。

ムハンマドを宗教的・政治的リーダーとするムスリムの共同体では、人々は互いに助け合う理想的な社会が実現しました。貧富の差はなく、恩恵は公平に分配されました。メッカのような経済的格差はなかったのです。

そして大事なことは、外部の敵に対しては共同して戦うことでした。ムハンマドは**軍事的リーダー**としてもムスリムをまとめ、メッカのクライシュ族との戦いに挑みました。

まず、メッカの隊商交易を妨害して勢力を拡大すると、624年、その報復としてメッカ軍がメディナに侵攻してきました

（バドルの戦い）。ムスリム軍はこれに勝利します。

６２５年のウフドの戦いには敗れますが、６２７年のハンダクの戦いでは1万のメッカ軍の攻撃を、メディナの周囲に塹壕を掘って応戦し撃退に成功しました。戦いを経るごとにより強力な組織として成長していったムスリム軍は、徐々にメッカ軍を追いつめます。

６３０年、1万のムスリム軍がメッカに迫ると、メッカ軍は降伏し、メッカの無血征服に成功しました。メッカに入城したムハンマドは、かねての望み通り、**カーバ神殿内の偶像をすべて破壊**しました。名門クライシュ族を降伏させ、メッカを征服したムハンマドの名声は高まりました。アラビア半島内の多くの部族が政治拠点のメディナに使節を送って盟約を結び、イスラム教を受け入れ、服従を誓ったのです。メッカ征服後の1年はとくに使節の往来が多く、この年は**「遣使の年」**と呼ばれています。こうしてアラビア半島はイスラム化し、徐々に統一されていきました。

ムハンマドは、６３２年にメッカ巡礼を行います。これが最後の巡礼である**「別離の巡礼」**（Ｐ１９７）です。このとき随行したムスリムは12万人ほどいたとされます。

それから数ヶ月後、高熱と激しい頭痛に悩まされたムハンマドは、若い妻のアーイシャの膝の上で息を引き取りました。享年62歳でした。

【信仰でつながるイスラム共同体】
ウンマという共同体

Islam No.7

ウンマのムスリムはみな平等

ヒジュラ後のメディナにおいて、はじめてイスラム共同体の**「ウンマ」**が出現しましたが、ウンマというのは、イスラム教を理解するうえでとても大切な概念ですので、もう少し詳しく見てみましょう。

ウンマとは、部族や民族、国籍に関係なく、**「イスラム教への信仰という共通項によって結ばれた共同体」**です。もともとアラブ人は、「どの部族に属しているか」ということがその人のもっとも重要な身元証明となっていました。どの部族のどの家系の生まれかによって、その人の地位や身分が決まっていたのです。

これに対し、信仰という共通項で結ばれたウンマにおいては、みな平等であると考えられます。どの部族に属し、どこに住んでいて、どんな文化的背景があるのかは問われません。世界中の全ムスリムは平等に結ばれます。これが「ウンマ」の考え方です。

「宗教共同体」というと、どこかに固まって身をよせているイメージがありますが、イスラム共同体のウンマは、あくまでも**精神的なつながり**を表しているのです。

人類は平和な1つのウンマだった

『コーラン』では「ウンマ」という言葉を64回も使って、その重要性を説いています。

もともと人類は、争いのない平和で正しい1つのウンマだったといいます。ところが、人々が対立して争うようになったため、いくつものウンマに分かれてしまいました。

そこで神は、人々の争いをやめさせ正しい道に連れ戻すため、それぞれのウンマに預言者を遣わしました。預言者を通して正しい信仰や行動規範、終末に対する警告を伝えました。

しかし、一時は正しい共同体となったウンマも、しばらくすると共同体のなかで争いが起

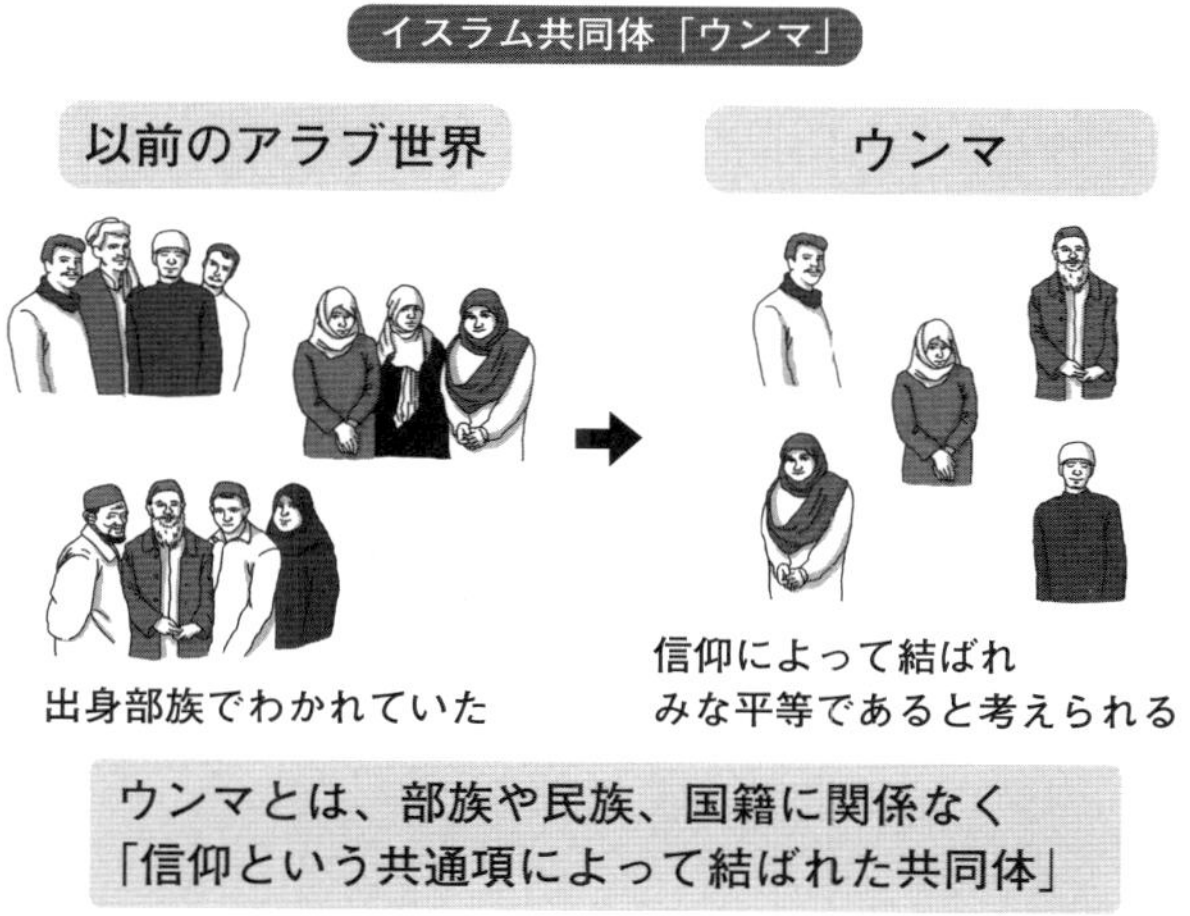
イスラム共同体「ウンマ」
以前のアラブ世界
ウンマ
出身部族でわかれていた
信仰によって結ばれ
みな平等であると考えられる
ウンマとは、部族や民族、国籍に関係なく
「信仰という共通項によって結ばれた共同体」

きて分派してしまい、別の預言者（モーセやダビデ）が送り込まれるということが何度も繰り返されました。

最悪だったのは、はじめから預言者（イエス）の警告を拒み、預言者を迫害して殺害してしまったことです。

ここまではユダヤ教とキリスト教の話ですが、両教徒には大きな問題がありました。同じ「啓典の民」でありながら対立していて、また、啓典を隠蔽したり改ざんし、あるいは預言者（イエス）を神格化するという過ちを犯したことです。

そこで神は新たに預言者ムハンマドを遣わしました。ムハンマドが遣わされた意味は、「あらゆる人々に対して喜びの音信と警告を与えるためであった」（34章28節）といいます。

ユダヤ教・キリスト教の預言者は、啓典を正しく伝えられていませんでしたが、ムハンマドは神の啓示を正しく伝えるといいます。ですから、神の正しい啓示が伝えられるムハンマドのウンマは、ほかの預言者のウンマよりも優れているということになります。

また、ムハンマドが伝えた啓典のなかには、神が言い残したものは何一つないといいます。だからこれ以上、新たな預言者は必要ありません。こうしてムハンマドは、**「最後の預言者」**（33章40節）とされたのです。

ウンマでは生活も大事

ムハンマドのウンマは、最上のウンマと考えられます。ただ、最上であり続けるためには、それなりの努力が必要になります。このことはムスリムにとって重要な意味をもちます。どんな努力かというと、神の定めた指針にそった行動をとることです。大きくは2つ、**「宗教儀礼」**と**「生活様式」**があります。

まず「宗教儀礼」として、礼拝・喜捨・巡礼などによって個人の内面を磨いて誠実に生きようとします。これは信仰をする者なら当然で、納得いくものでしょう。しかしこれだけではなく、「生活様式」として、食物禁忌や礼儀作法、売買、婚礼、相続、裁判、刑罰にいたるまで、神の指針にそって生きることが求められます。

ウンマのムスリムの結びつきは、宗教儀礼だけでなく、ふだんの生活からはじまっているということです。だからウンマは「宗教集団」であるとともに、「生活共同体」ともいえます。逆にいうと、信仰を極めるために俗世間から離れる必要はありません。日常生活の1つ1つに決まりがあるウンマは、通常の社会に自然に存在することができるのです。

しかも、世界中のどこにあってもいいのです。定められた宗教儀礼と生活様式にのっとっていれば、周囲にムスリムがいなくても、ウンマの構成員としてつながっていられるということです。

ムスリムは、自分たちは「ウンマ」の一員だという自負をもっています。ウンマの連帯性は強く、ムスリムはほかの地域のムスリムのことも気にかけます。

1979年からソ連侵攻を受け、9・11以降は戦場と化したアフガニスタンの人々、イスラエルと長らく対立するパレスチナの人々（P276）、ボスニアやコソボ、そのほか世界中のムスリムに対する迫害が起きるたびに、大きな心配事となるのです。

【神の言葉がそのまま記されている】

聖典『コーラン』

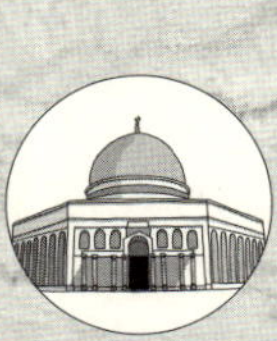

Islam No.8

『コーラン』とは「読誦されるもの」

イスラム教の聖典『コーラン』は、610年の最初の啓示から632年の死まで、ムハンマドが神から受けた啓示をまとめたものです。

アラビア語では『コーラン』のことを定冠詞をつけて**「アル・クルアーン」**といいます。意味は**「読誦《どくじゅ》されるもの」**です。

ムハンマドは、キリスト教の典礼などで『聖書』が読誦されているのを知り、『コーラン』を発想したと考えられています。

声に出して読まれることを想定しているので、『コーラン』には韻を踏んだ美しい響きがあって、まさに神が語った言葉として絶大な力をもっています。

『コーラン』は全体が114章と6616の節からなり、分量としては『新約聖書』と同程度です。アラビア語によって、そのまま神の言葉を記したとされているので、ほかの言語に翻訳されたものは、神の啓示を正確に伝えていないとされ、「解説書」の扱いにされます。

『コーラン』といえば、あくまでも**「アラビア語のコーラン」**のことなのです。

ムハンマドの草稿があった!?

『コーラン』は、ムハンマドの死後に成立しました。ムハンマドの時代は、『コーラン』は暗記した信徒が周りの人々に声に出して読み聞かせていました。神の言葉を文字にすることは禁じられていたからです。

『コーラン』は口伝されていきました。

しかし、ムハンマドの死から時間がたつにつれて、記憶する者が減っていき、永遠に消滅してしまうのではないかという心配がでてきました。

そこで、初代カリフ・アブー＝バクル（在位632〜34　P215参照）と第3代カリフ・ウスマーン（在位644〜56）の時代に、『コーラン』集録が行われ、書物としてまとめられました。現在伝わる『コーラン』は、最終的にカリフ・ウスマーン時代に成立したので**「ウスマーン本」**と呼ばれます。

ところで、ムハンマドは生前から『コーラン』を1冊の書物にまとめる計画をもっていて、すでに草稿ができていたといわれています。

しかしムハンマドの草稿は、章の主題と内容が一致していなかったり、テーマが混在しているなど、編集に問題がありました。

そこで「ウスマーン本」では、章の分量が長いものから順番に並べる編集方針がとられました。それでも、テーマ別にわけられているわけではないし、時系列もばらばらなのですが、大きな流れとしては、**メディナ期→メッカ期**の順番となりました。メッカ期よりメディナ期のほうが、各啓示の内容が長いからです。

メッカ期は、クライシュ族からの迫害にさらされていた時期です。唯一神アッラーへの崇敬を表すとともに、迫り来る最後の審判の日に対する警告が目立ち、教義の核心を強調する内容になっています。

イスラム教の聖典『コーラン』とは？

旧約聖書

新約聖書

【コーランの特徴】
・ムハンマドが神から受けた啓示をまとめたもの
・アラビア語で記されている
・114章と6616の節からなる
・韻を踏んだ美しい響きがある
・ムハンマドの死後に書物としてまとめられた

3分の2ほどは『聖書』を思わせる内容になっている

↓

ムハンマドは当初新しい宗教を興す意図はなかったとされている

それに対しメディナ期は、より実務的です。ウンマの団結を強めている時期でしたので、政治や軍事にかかわる啓示のほか、日常生活にかかわる助言のようなものが増えています。

『旧約聖書』と似ている？

『コーラン』を読むと、アダムとイヴの話、ノアの大洪水の話、天地創造の話がでてきて、**3分の2ほどは『聖書』を思い起こさせる**ような内容になっています。

ムハンマドよりも前に下された神の啓示（『旧約聖書』『新約聖書』）が、アラビア語で下されたものが『コーラン』に入っているので、この重複は当然といえば当然なのですが、じつのところムハンマド自身、はじめから新しい宗教を興すという意図はなかったとされています。

はじめは、メッカのクライシュ部族に正しいモラルを与えるため、ユダヤ教・キリスト教の一神教から学んだ教義を説いたにすぎませんでした。それがイスラム教として独立するのは、メディナ期のことです。

メディナに移住したムハンマドは、支配階級であったユダヤ教徒との共存をはかるため、エルサレムに向かって礼拝し、ユダヤ教徒の贖罪の日に断食をするなど、ユダヤ教の制度を積極的に取り入れていました。

ところがユダヤ教徒はこのようなムハンマドのやり方に反発し、彼を預言者と認めるどころか、偽預言者よばわりするようになったのです。

そこでムハンマドは、ユダヤ教徒との対決を決意し、**メッカのカーバ神殿に向かって礼拝するように改めた**のです。『コーラン』では、アブラハムとその子**イシュマエル**がメッカに建設したものがカーバ神殿である、と説明するようになりました。

イシュマエルというのがポイントです。

ユダヤ教・キリスト教は、アブラハムと妻サラの息子イサクをルーツにもちますが、イスラム教では、アブラハムとサラの召使いであるハガルが生んだイシュマエルをルーツ（アラブ人の祖先）としたのです。

さらにムハンマドは、「バドルの戦い」（P219）のあとに、断食の時期も変え、さいごはユダヤ教徒をメディナから追放しました。

「イスラム」という言葉が『コーラン』にあらわれるのは、「バドルの戦い」のあとのことです。厳密な意味でイスラム教が生まれたのは、この時期であることがわかります。

【イスラムの疑問を解決してくれる】

イスラム教とは?

Islam No.9

イスラム法は「水場にいたる道」

ムスリムは**「イスラム法」にしたがわなければいけない**とされています。では、イスラム法とは何でしょうか?

イスラム法は、信仰や儀礼、あるいは日常生活において、「私はどうすべきか?」という信者の問いかけに対して、「こうすべきです」という神の答えをまとめたものです。

アラビア語では**「シャーリア」**といいます。「シャーリア」とはもともと「水場にいたる道」の意味です。砂漠において一滴の水が人の生死をわけることから、つまり「水場にいたる道」

とは、「人間が生きるための道」と解釈することができます。それが、イスラム法ということです。

では、イスラム法（シャーリア）の具体的な構成を見てみましょう。

イスラム教の多数派を占める**スンニ派**（Ｐ２４９）によると、シャーリアは、**『コーラン』『ハディース』『イジュマー』『キヤース』の４つから構成**されます。このなかで、「神の言葉」である『コーラン』は当然ながら一番重要で、最初に参照すべき法律となります。しかし『コーラン』には、ムスリムの信じるべきことや、何をすべきかということは書かれていますが、具体的にどういった行動をとればいいか、ということまでは書かれていません。

そこで次に参照にするのが、**預言者ムハンマドの行動や言葉**です。ムハンマドの行動と言葉のことは**「スンナ」**といいます。

ちなみに、多数派のスンニ派とは、**「預言者のスンナに従う人々」**という意味です。

ムハンマド亡き後のムスリムにとって、『コーラン』ではわからない問題が出てきたときの拠り所となったのがムハンマドの行動と言葉でした。しかし世代をへるごとに、ムハンマドの記憶は人々のなかで薄れていくばかりでした。そこで「スンナ」を書物の形で後世に残す必要がでてきたのです。「スンナ」を集めたものが『ハディース』です。

ところが、いろいろな人が『ハディース』をまとめたので、ものすごい数の『ハディース』が巷にあふれました。そこでそれぞれの『ハディース』が正しいのかどうかを見極めるため、学者らが精査することになりました。

どうやって見極めたかというと、情報源を探るという方法をとりました。

それぞれの『ハディース』は、「内容」（マトン）と「伝達者の系譜」（イスナード）からできていましたが、内容そのものを吟味するより、イスナードの信憑性を確かめたのです。内容の正しさを議論しはじめたら埒が明きませんが、伝達者の系譜をたどるというのは理にかなったやり方だったのではないでしょうか。

この作業によってそれぞれの『ハディース』は、「真正なもの」「良好なもの」「不完全なもの」に分類され、ムハンマドのスンナがどんなものだったのかがわかってきたのです。

法学者が一致すればそれが答え

『ハディース』にあたると、礼拝、断食、結婚、食事、相続、服装などのほか、社会のあり方や商取引の方法までわかります。しかし、『ハディース』も、すべてを説明しているわけで

イスラム法とは何か？

イスラム法は以下の４つから構成されている

コーラン

「神の言葉」である『コーラン』は一番重要で、最初に参照すべき法律

ハディース

預言者ムハンマドの行動や言葉である「スンナ」を集めたもの

イジュマー

『ハディース』から根拠となる部分を探し、一致する答えを見出したもの

キヤース

『コーラン』や『ハディース』に類似のケースを見つけて、導き出したもの

現在のイスラム諸国は近代的な法律を採用しているがイスラム法は深くムスリムの生活に関わっている

はありません。

『ハディース』でもわからないときは、複数の法学者が『ハディース』から根拠となる部分を探し、それをもちよって討議し、一致する答えを見出します。これを『イジュマー』と呼びます。

「私の共同体は誤りについて決して一致しない」というムハンマドの言葉がありますが、つまり、イスラム教の法学者たちが一致した点は正しいということになります。『イジュマー』の正当性は、このムハンマドの言葉によって保証されているのです。

『イジュマー』でも解決できない新たな問題がでてきたときはどうするか？

そんなときは、『コーラン』や『ハディース』に類似のケースを見つけて、「類推」して判例を導き出します。これを『キヤース』といいます。たとえば、『コーラン』には、「酒と賭矢（マイシル：賭事のこと）と偶像神と占矢とはいずれも厭うべきこと」（5章90節）とあります。この「酒」は「ワイン」のことなので、「ワインは禁止」とわかります。でも、日本酒はどうなのか？　という問題がでてきます。そこで『コーラン』のテキストを、「アルコールや麻薬など通常とはまったく異なる心理状態をもたらすものは一切禁じている」と類推して、アルコールは全部ダメである、と解釈します。これが『キヤース』です。

『コーラン』と『ハディース』は、テキストとしては固定化され、揺るぎないものですが、イスラム教が文化や習慣、風俗が異なる異民族の間に広まっていったとき、想定外のさまざまな問題が出てきました。そこで『イジュマー』と『キヤース』の方法から判例を出して市民に受け入れられていったのです。逆にいえば、『イジュマー』と『キヤース』は、**イスラム教が異民族世界にも定着していく仕組みとして重要な役割**を担っていたといえます。

現在、イスラム諸国では、イスラム法を国の法律として採用しているわけではなく、ほとんどの国で近代的な法律を採用しています。しかし近代的な法律を越えて、いまもイスラム法はムスリムの生活に関わっています。

【イスラム教の天国と地獄】

イスラム教の世界観

Islam No.10

アダムが最初の預言者だった

イスラム教では、この世界のことをどのように説明しているのでしょうか？　『コーラン』は「聖書」がもとになっているので、基本はキリスト教と同じです。

まず、**天地創造**。『コーラン』の天地創造神話によると、神は「在れ」の言葉によって6日間で天地を創造し、そのまま玉座につきました。『旧約聖書』の「創世記」では、そのあと神が1日の休み（安息日）をとっていますが、『コーラン』の神はとっていません。全知全能の神に休みは必要なし、ということです。

ちなみに、天地創造は神の「在れ」の言葉からずっとつづいているとされ、神が望めば世界は一瞬のうちに消えてしまうと考えられています。

最初の人類は、神が土からつくったアダムです。アダムは、神から地上の管理を任され、すべてのものの名前を教えられました。

アダムは預言者でもあります。イスラム教の25人の預言者のうち、最初の預言者がアダム、最後がムハンマドということです。

神はアダムの妻もつくりました。ただし、妻の名前は出てきません。

そのあとが**「楽園追放」**です。「楽園追放」は基本的に聖書の記述と同じですが、前述（P191）のように1つ大きな違いがあります。

楽園追放の前、神とアダムのあいだで和解が成立しました。禁断の果実を食べたアダムの罪が許されたのです。これによって、キリスト教のような「原罪」がその子孫（人類）に及ぶことはなかった、ということになっています。

ところでイスラム教では、六信（P193）にあるように「来世」を重視しています。現世は「仮の世」であって、あくまで**本当の世界は「来世」**です。なので来世を信じるように説いています。

しかし、だからといって現世を軽んじていいわけではありません。現世は、神から与えられたものです。この世の生も、十分に全うしなければいけません。そしてなによりも、現世における生き方によって来世の運命が決まるのです。現世で信仰に反することや、悪いことをするわけにはいかないのです。

突然、来世が訪れる

では、どのように来世が訪れるのか？

来世のはじまる日は**「審判の日」**といいます。審判の日は、いつ到来するかはわかっていません。神の御心次第ということです。

その日は、天使が吹くラッパの音を合図に突然訪れ、天が裂けて、大地は揺れ、地上のすべての生き物が気絶します。もう一度ラッパが吹かれると、死者はみな生前の姿のままによみがえります。これが復活です。

復活するときは霊魂だけの存在ではなく、肉体もともなっています。イスラム教では、霊魂と肉体を切り離して考えることはありません。復活のときに肉体が必要なことが、土葬の慣習の背景となっています。

復活した人間は1人残らず神の前に引き出され、生前の信仰や行為が記された「帳簿」をもとに、瞬時に裁かれます。来世の行き先は、天国か地獄です。

このようにイスラム教の世界観の特色は、現世から来世へ直線的にすすむことにあります。ある日を境に現世は終わり、死者も生者も同時に神の前に引きずり出され、瞬時に裁かれ、全員が来世にほうり込まれるのです。

仏教の考えでは、現世と来世が同時に、複線的に存在し、現世にいるか来世にいるか、あるいは六道のどこにいるかは人それぞれです。この違いがわかるでしょうか？

イスラム教徒は救われる？

「天国」のことはイスラム教では**「楽園」**と呼びます。

楽園には、こんこんと湧き出る泉があり、ぎっしりと実を生い茂らせた緑が広がります。砂漠の民が想像しただけあって、楽園は水の豊かさが強調されています。楽園へ行った者は、木陰で果実をほおばり、美しい乙女を妻としてもつことができます。アッラーの顔を拝むこ

イスラム教の来世の考え方とは？

天使の吹くラッパで審判の日が訪れる

↓

天が裂けて
大地は揺れ
地上のすべての
生き物が気絶する

↓

もう一度ラッパが吹かれると
死者はみな生前の姿のままによみがえる
その後、神によって裁かれ
天国か地獄に振り分けられる

ともでき、永遠の至福が与えられます。

一方の**「地獄」**は、酷暑の砂漠よりも熱い、火炎の世界としてイメージされています。地獄に堕ちた者は、ぐらぐら煮えたぎる熱湯をかけられ、どろどろの膿汁を飲まされます。地獄には次の7つの門があって、段階が上がるごとに、責め苦の過激さはエスカレートするとされています。

①ジャハンナム：罪を悔い改めないイスラム教徒や不信心者が堕ちる。
②ラザー：キリスト教徒が堕ちる。
③フタマ：ユダヤ教徒が堕ちる。
④サイール：ユダヤ的キリスト教徒が堕ちる。

⑤サカル：ゾロアスター教徒が堕ちる。
⑥ジャヒーム：偶像崇拝者が堕ちる。
⑦ハーウィヤ：偽善者が堕ちる。

じつは、このうち①ジャハンナムに堕ちたイスラム教徒は救われる可能性があるとされています。イスラム教徒だけは、一定期間苦しむと、ムハンマドが手を差し伸べ、天国に行けるのです。キリスト教でいう「煉獄」（P１４４）の存在に近いかもしれません。しかし、それ以外の者、**異教徒や偶像崇拝者、偽善者に救いはありません。**あまりの苦しさに死にたいと思っても死ねません。地獄の責め苦は永遠につづくのです。

【アラブ人の帝国からイスラム教の帝国へ】

イスラム教の発展

Islam No.11

後継者は選挙制から世襲制へ

預言者ムハンマドは、６３２年に亡くなりました。このとき困ったのは、彼には**跡取りとなる息子がないばかりか、後継者について何の指示も残されていなかった**ことです。

後継者をめぐるあわただしい議論がもちあがりましたが、最終的には、ムハンマドの親友であり第一の弟子であった**アブー・バクル**（Ｐ２１５）が**後継者（カリフ）**に選ばれました。

以降、ウマル、ウスマーン、アリーがカリフに就きましたが、ここまで４代は公正に**「選挙」**によって選ばれているのが特徴です。なので、**「正統カリフ時代」**と呼ばれています。

この時代は「アラブ民族の大移動」といわれるほど、アラブ人による大規模な征服活動が展開されました。東ではササン朝ペルシア（現在のイラン）を滅ぼし、西はビザンツ帝国からシリアとエジプトを奪い取りました。

しかし、カリフの地位は安定していたわけではありません。ウマルはキリスト教徒に暗殺され、ウスマーンとアリーはそれぞれ抵抗勢力によって**暗殺**されています。

4代目アリーを暗殺したのは、シリア総督でウマイヤ家のムアーウィヤの勢力です。661年、ムアーウィヤはダマスカス（現在のシリア）を首都に、**ウマイヤ朝**を建てました。正統カリフ時代は選挙によってカリフを選んでいましたが、ウマイヤ朝では**世襲制**をとり、ウマイヤ家一族で支配する体制をつくっています。

ウマイヤ朝も支配地域を拡大しました。東はインダス川流域まで、西は北アフリカを横断して海をわたりイベリア半島まで至っています。

ウマイヤ朝は**「アラブ帝国」**と考えられています。その意味するところは、「アラブ人が支配していた帝国」ということです。

ウマイヤ朝の帝国内では、アラブ人だけが優遇され、支配された地域の他民族はたとえイスラム教に改宗したとしても、アラブ人よりも高い税金をかけられていました。この時代は、

「アラブ人こそムスリムのなかのムスリム」という考え方が普通だったのです。

改宗すればみな平等

「でも、アラブ人だけが優遇されているのはおかしい。同じムスリムなのに人種で差別するのは『コーラン』の教えに反する」

こう反発する人たちが出てきました。

そんな人々を率いたのが、ムハンマドの叔父の子孫にあたる**アッバース**です。**「ムハンマドの血を引くものこそカリフの資格をもつ」**と主張したアッバースは、ウマイヤ朝を倒し、750年に**アッバース朝**を建てました。

アッバース朝では、アラブ人の優遇をやめました。

イスラム教徒ならばどんな民族でも平等に扱ったのです。

よって、ウマイヤ朝の「アラブ帝国」に対して、アッバース朝は**「イスラム帝国」**という捉え方をします。

アッバース朝はバグダット（現在のイラク）を中心に繁栄を極めますが、各地にイスラム帝国が乱立して弱体化していきます。

イベリア半島（スペイン）では、ウマイヤ朝の残党によって、コルドバを首都とした後ウマイヤ朝が建てられました。

また、エジプトにはファーティマ朝が建てられました。

それぞれ独自にカリフを置いたので、カリフが３人も並び立つ状況になったのです。これでは、もはやカリフの絶対性は失われ、その権威は弱々しく見えてきます。

そんななか11世紀に十字軍が襲撃してきます（Ｐ154）。イスラム世界は団結してキリスト教徒の攻撃を跳ね返しますが、大きな打撃を受けました。キリスト教徒への憎しみはこのときからはじまったとされます。

さらに13世紀になるとモンゴル帝国が侵入してきました。１２５８年、ついにアッバース朝は崩壊しました。モンゴル人はイル・ハン国（現在のイランあたり）を建て、国王がイスラム教に改宗したことで、中国方面へイスラム教が広まるきっかけとなりました。このあとに登場するのが、**オスマン帝国**（Ｐ262）です。

インドは奴隷王朝からはじまる

ムハンマド死後の後継者選び

正統カリフ時代	ウマイヤ朝時代	アッバース朝時代

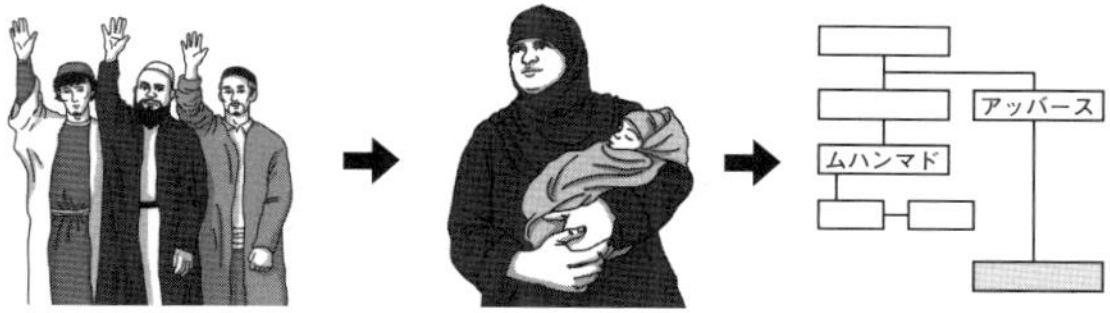

ムハンマドの第一の弟子であったアブー・バクルが後継者に選ばれた。その後、４代までは選挙によって選ばれた	４代目後継者アリーは暗殺された。ウマイヤ朝では世襲制をとり、ウマイヤ家一族で支配する体制をつくった	ウマイヤ朝を倒したアッバースは、「ムハンマドの血を引くものこそカリフの資格をもつ」と主張した

時代とともに後継者の選び方もさまざまに変化した

この時代、イスラム勢力が拡大したことでイスラム教は世界に広がりました。

インドでは、13世紀に奴隷出身のアイバクが奴隷王朝を建てましたが、これはインドではじめて誕生したイスラム王朝でした。ここからインドにイスラム教が浸透していきます。

16世紀にはムガル帝国ができ、さらにインドのイスラム化はすすみます。仏教は一掃され、ヒンドゥー教は弾圧されました。

インドのイスラム化がすすむと、東南アジアにもわたり、マレー半島やインドネシア、フィリピンに広がりました。

中央アジアでは、モンゴル帝国のなかのチャガタイ・ハン国（現在のアフガニスタンあたり）、キプチャク・ハン国（現在の南ロシアあたり）でイスラム化がすすみました。

アフリカでは、イスラム商人たちが出入りしたことでイスラム教が伝わっていました。11世紀、先住民ベルベル人によるムラービト朝が北アフリカに成立すると、一気にアフリカ大陸に広まりました。アフリカ大陸の中部から北部にかけての多くの国では、現在もイスラム教の信仰がつづいています。

【後継者争いで対立した】

スンニ派とシーア派

Islam No.12

ムアーウィヤ派とアリー派の対立

今日、イスラム教には**73の教派**があるといわれています。なかでもニュースなどでもよく聞くのが**スンニ派とシーア派**ではないでしょうか。

両派はイスラム教の**二大勢力**で、なにかと争いの種になっていますが、すでに正統カリフ時代から対立関係ははじまっていました。

正統カリフ時代、第3代カリフはウスマーンです。彼の実家はかつてメッカの大商人だったウマイヤ家でした。

一方、第4代カリフのアリー＝ターリブの実家はハーシム家です。そう、ムハンマドの家系のハーシム家です。じつは**アリー**は、ムハンマドを育てた叔父アリー＝ターリブの息子、つまり**ムハンマドの従弟**でした。第4代までのカリフのなかで**唯一、ムハンマドと血のつながりがありました。**前述のように、ウスマーンは暗殺されました。これがきっかけで、ウマイヤ家とハーシム家、両家の抗争がはじまりました。

ウスマーンによってシリア総督に任命されていたウマイヤ家のムアーウィヤは、アリーをウスマーン暗殺の加担者とみなし、戦いを挑んできたのです。これが最終的にアリーの暗殺につながりました。結果、ウマイヤ家のムアーウィヤがカリフの座につき、ウマイヤ朝を興しました。

ただ、アリーを支持する人々がそのまま黙っていたわけではありません。彼らはムアーウィヤをカリフと認めず、抵抗活動をつづけました。ウマイヤ朝のなかでは少数派として追いやられていきましたが、**アリー支持を基本とする考え**は脈々と受け継がれていきました。これが「シーア派」と呼ばれるようになった、ということになります。一方、権力を握ったムアーウィヤ派は「スンニ派」と呼ばれるようになりました。

シーア派がアッバース朝をかついだ？

前述のように、スンニ派のスンニとは、「預言者のスンナ（言動）に従う人々」（P233）という意味です。

スンニ派は共同体ウンマの統一を重視するのが特徴で、数のうえでは**全ムスリムの8〜9割を占める圧倒的主流派**です。

一方のシーア派は**少数派**です。もともと**「アリー派」**を意味する「シーア・アリー」を名乗っていましたが、それがたんに「シーア（派）」と呼ばれるようになりました。

シーア派は、「ムハンマドはそもそもアリーを後継者として指名していた」と主張し、正統カリフ時代のアリー以外のカリフも認めていません。アリーとその後継者だけが指導者（イマーム）となる資格があると考えます。

ウマイヤ朝時代のシーア派は、ペルシア人（現在のイラン人）らと結びつきながら生き延び、いくつもの分派を繰り返しました。

そのうちの一派は、「ウマイヤ朝を倒すためにアッバース朝をかつぎだした」ともいわれています。ムハンマドの叔父アッバースの子孫にあたるアッバース家は、それまでは政治と関係のないところにいましたが、突然、「正統のカリフ」であることを主張して政権獲得をめざして躍り出てきました。この策略を動かしていたのはシーア派ではないか、ということです。

そのほか、シーア派がからんでいる王朝には、チュニジアに興ってエジプトのカイロを首都に成立したファーティマ朝（Ｐ２４６）があります。「ファーティマ」とはムハンマドの娘の１人で、シーア派が後継者と認めるアリーと結婚した女性の名前です。

フセインはマイノリティだった

スンニ派・シーア派がわかると、現代の中東情勢も理解しやすくなってきます。

おさえておきたいのは**イラン。**イランはペルシア人の国なので、シーア派とは歴史的に関係が深いです。シーア派の有力な教派に「十二イマーム派」（12人のイマーム［指導者］を認める教派という意味）がありますが、これが現在のイランの国教となっています。

イラクにも十二イマーム派は多く、イラクもシーア派が多数派を占めています。ところが、かつての独裁者サダム・フセインはスンニ派でしたので、少数派のスンニ派が多数派のシー

スンニ派とシーア派の二大勢力

スンニ派

・権力を握ったムアーウィヤ派
・全ムスリムの８〜９割を占める
・共同体ウンマの統一を重視

シーア派

・４代目カリフのアリーを支持
・全ムスリムの１〜２割を占める
・イラン、イラクなどに多い

両派の対立が原因で戦争に発展することもある

ア派を抑え込んで国が成り立っていました。

1978年、イランでイラン革命が起きました。**イラン革命**は、**ホメイニがシーア派社会主義を唱えた**ものです。

このときフセインは、革命が飛び火して国内のシーア派が勢いづくことを恐れ、先制攻撃を仕掛けました。こうしてはじまったのが**イラン・イラク戦争**（1980〜88）です。

9・11後のイラク戦争でフセイン政権は崩壊しました。

イラクではシーア派のマリキ政権が成立し、多数派のシーア派が勢いづきました。既得権益を奪われたスンニ派は反発し、両派の対立は激しくなりました。これがイラク戦争後の混乱となってあらわれていました。

さらに、シーア派が多数を占めるシリアの内戦を見てみると、シーア派のアサド政権に対し、スンニ派を中心とした反政府勢力が抵抗するという構図になっています。

この内戦はお隣のイラクの人にとっても他人事ではありませんので、イラクのスンニ派は、シリアの反政府勢力を支援しています。

このように、国境を越えて二大勢力の争いはいまもつづいているのです。

【修行と神との合一をめざす】

イスラム教の神秘主義

Islam No.13

堕落化した信仰へのアンチテーゼ

イスラム帝国の征服活動によってイスラム教は各地に広まり、経済的にも発展しました。しかし、宗教的には堕落化した部分もありました。

後継者カリフをはじめとする支配層は富と権力に執着するばかりだし、人々の信仰は単に形だけのものになっていました。

そんな状況のなか、もっと真剣に純粋に信仰に取り組もうとして生まれてきたのが**「スーフィズム」**と呼ばれる**イスラム神秘主義**です。アラビア語で「タサッウフ」といいます。

語源をたどっておくと、アラビア語で羊毛のことを「スーフ」といいます。

神秘主義者が好んで身につけていたのが、羊毛の粗末な衣だったので、彼らのことを「スーフィー」と呼びました。英語ではこれに「イズム」をつけて、「スーフィズム」と呼ぶようになりました。

スーフィズムが生まれる前段階として、**「禁欲主義（ズフド）」**があります。まずはそこから見てみましょう。

イスラム的な禁欲主義が出現

もともとイスラム教は、最後の審判や来世を信じることで、現世の態度を改めることからはじまりました。ところが、ムハンマドが亡くなり、アラブ人の大征服がはじまると、最後の審判や来世のことを忘れ、富や権力を手に入れるための現実的な野心ばかりが表に出てきました。

そんななか、ムハンマドが送ったようなつつましい生活態度や控え目な欲望をすぐれた美徳とみなし、禁欲的な生活を送る人々が出てきました。これが禁欲主義です。

一般に禁欲主義というと、「人生の快楽を絶って、難行・苦行を行う」「隠遁的生活をする」ようなイメージがありますが、もともと現実の生活を重視するイスラムの禁欲主義は、そんな極端な方向にはいきませんでした。一部には禁欲的苦行を行う者もいましたが、あくまで**「金や権力に執着しない」「自分をきちんと律する控え目な生活」**という程度でした。

主な禁欲主義者としては、ウマイヤ朝期の知識人で説教師のハサン・バスリーがいます。ハサンは、30年間一度も笑ったことがなかったといいます。また、アッバース朝期のフダイル・イブン＝イヤードという禁欲主義者も生涯笑ったことがなく、死んだとき、世の中が明るくなった、といわれたほどです。

無私無欲の神への愛

禁欲主義を土台にして出てきたのが「スーフィズム」です。では、スーフィズムとはどのような考え方なのでしょうか？

イスラム教では、神が下す最後の審判で天国へ行けることをめざします。いわば「自分が救われる」ことを求めます。

ところがスーフィズムでは、**「神そのもの」**を求めます。これをもう少し言い換えると、「神を愛する」ということになります。

「来世で救われるために信仰をする」というのは、いわば自分のための信仰です。しかしスーフィズムでは、自分が救われるかどうかということは問題にしません。そんなことは考えないで、ひたすら神を愛して信頼するのです。

それが究極的に達成されると、**「神との合一（ファナー）」がもたらされる**といいます。

イスラム教の思想からはかなり飛躍した考えに見えますが、『コーラン』（2章165節）に「信仰あるものは熱烈に神を愛す」という言葉があるので、一応の根拠となっています。

こうしたスーフィズムの思想の源泉には、バスラの有名な聖女ラービア（7～8世紀初）がいるといわれています。彼女は、幼いうちにさらわれ奴隷として売られ、苦難の半生を過ごしましたが、その美しい詩で、「神に対する愛には利己的な愛と無私無欲の愛とがあり、無私無欲の愛の究極の目的は神との合一である」ということを述べています。

町にスーフィズム教団の道場が増加

神との合一をめざすスーフィズムとは？

最後の審判や来世のことを忘れ
富や権力を手に入れるための野心ばかりが出てきた

↓

禁欲主義の発生

金や権力に執着せず、自分を律する生活を送る

↓

スーフィズムの発生

ひたすら神を愛して信頼することで
「神との合一」がもたらされる

スーフィーの回旋舞踊

「神との合一」を掲げたスーフィズムは、スーフィーらによって理論化され、そのような境地に至るための特別な修行をすすめました。

そんなスーフィーたちは、政治権力と結びついたウラマー（イスラム法学者）からは非難され、当初は異端扱いされていました。しかし、権威ある神学者ガッザーリー（1058〜1111）がスーフィズムの修行を実践し、その信仰の正しさを説いたことなどをきっかけに、ウラマーとの対立は解消されていきました。

それとともにスーフィズム教団が組織化され、入門者を**「タリーカ」**という道場に導き、神秘主義を説くようになりま

した。

タリーカは、人里離れた洞窟などにあるわけではなく、町中にあります。

入門者のなかには、常にタリーカで本格的な修行に励む者もいましたが、だいたいは、ある期間だけ修行する者で、普段は仕事をして通常の生活を送っていました。それでもOKだったということです。

そんなゆるい仕組みだったのも手伝って、タリーカは爆発的に広まり、イスラム教の拡大にも寄与しました。教団数は200～300あったとされます。スーフィズムは、形式主義に陥ったイスラム教への信頼を再び呼び起こす大きな役割を担ったのです。

【オスマン帝国の隆盛と衰退】

イスラム教国の変遷

Islam No.14

スルターンが実権を握る

イスラム世界を政治的に支えていたのは、後継者の権威を受け継いできた**カリフ制度**です。正統カリフ時代からウマイヤ朝時代、そしてアッバース朝時代へと維持されてきたそのカリフ制度ですが、1258年のアッバース朝の崩壊で事実上終わりを迎えました。

これ以降、イスラム世界を政治的に支えたのは**「スルターン」**です。スルターンとは、アラビア語で**「権力者」**を意味します。カリフと違って、宗教的権威のない政治的・軍事的指導者で、ヨーロッパの「皇帝」のようなイメージです。もともとは、アッバース朝のカリフが、地方を治める王朝の指導者の権威づけに「スルターン」の称号を与えました。

アッバース朝崩壊後、カリフは一応存続しましたが、政治的権力は失い、代わりに何人かのスルターンがイスラム世界を分割統治するようになります。そのなかでも急拡大を遂げ、カリフの後継者として君臨するのが、オスマン朝のスルターンです。

オスマン朝は、トルコ人が建てたイスラム王朝です。つまり、アラブ人ではない、異邦人王朝ということです。

キリスト教のビザンツ帝国の後継者!?

この時代のヨーロッパ世界とイスラム世界のせめぎ合いを大まかに見ると、東と西でまったく対照的なことが起きていました。

西のイベリア半島では、キリスト教徒がレコンキスタ（国土回復運動）によってイスラム王朝を追い出し（１４９２）、反対に東の小アジアでは、キリスト教の先年王国・ビザンツ帝国が崩壊し（１４５３）、代わってイスラム教国のオスマン朝が台頭しました。

小アジアを手中に収めたオスマン朝は、「ビザンツ帝国の後継者」という誇りがあって、

オスマン帝国の栄光と没落

1538年、スペインの連合艦隊を倒したオスマン朝は支配地域を広げる

↓

「ミレット」と呼ばれる宗教共同体で異教徒に自治をまかせ、隆盛を極めた

スレイマン1世
(在位1520〜1566)

↓

1571年、スペインの艦隊に敗れ近代化に遅れるなどしてその後、衰退へと向かう

さらにヨーロッパ支配を企みました。ウィーンを包囲してヨーロッパ人を震撼させたり(1529、このとき生じたトルコ趣味から、モーツアルトやベートーヴェンの「トルコ行進曲」が生まれた)、スペイン・ヴェネツィア・ジェノヴァの連合艦隊を破って(1538)、地中海の制海権をにぎっています。

ところが、イランを除く西アジアからアラビア半島、北アフリカに及ぶ地域を支配し、メッカとメディナの聖地を手にしてみると、「やっぱり自分たちはイスラム帝国の後継者である」という自覚が強まっていきます。

ちなみに、当時イランにあったのは、

ペルシア人が建てた**サファヴィー朝**です。サフィー＝アッディーンを始祖とする神秘主義教団がもとになっているので、その始祖の名前が王朝名の由来になっています。サファヴィー朝は十二イマーム派を国教とし、これが現代までつづくイラン国家の基礎となっています。

オスマン帝国のスルターンは、「正統派イスラムの後継者」を自認して、シャーリア（P232）による徹底した支配を試みました。

アッバース朝でも、シャーリアを守ることは求められていましたが、それをきちんと教えたり監督する人がいませんでした。そこでオスマン帝国では、各地に「マドラサ」と呼ばれるイスラム法の高等教育機関を設けて、ウラマー（イスラム法学者）を育成し、有能なウラマーをシャーリアによる支配の要としました。ウラマーたちは、有能な官僚として行政や司法、教育を担当しました。

一方、**異教徒に対しては寛容な政策**をとっています。かつてのビザンツ帝国の首都コンスタンティノープルは、オスマン帝国ではイスタンブールと改名されましたが、そこにはギリシア正教会総本部があったり、ユダヤ教のシナゴーグなどがある町です。それを力で排除しては、異教徒の反発を招くだけです。

そこで、ギリシア正教徒やユダヤ教徒には**「ミレット」**と呼ばれる宗教共同体を作らせ、自治をまかせ、それぞれの信仰と慣習を守ることを許したのです。

イスラムの黒船ショック

隆盛を極めたオスマン帝国ですが、16世紀後半以降は徐々に衰退に向かいます。スペイン・ヴェネツィア艦隊に敗れ（1571）、第二次ウィーン包囲（1683）は失敗。その後、近代化に着手するヨーロッパと力関係が逆転していきます。また、各地で反乱が起きたり、地方の総督が自立化するなどして、内部からも弱体化がはじまりました。

オスマン帝国支配の限界を象徴的につきつけたのが、1798年のナポレオンのエジプト遠征でした。このときイスラム教徒たちは、ナポレオン率いるフランス軍が見せるヨーロッパの軍事力やまったく異質で高度な文明に衝撃を受けました。それはイスラム世界における**「西欧の衝撃」**です。日本でいう「黒船ショック」のようなものです。

この事件を「イスラムの危機」ととらえた指導者たちは、イスラムの近代化に乗り出します。神秘主義は過去のものとして捨て去られました。しかし、それらの反動として、イスラムの原点に戻ろうとする、**「イスラム原理主義」**も生まれてきました。

【西欧化に異議を唱える】

イスラム原理主義

Islam No.15

近代化か？　原点回帰か？

１７９８年のナポレオン軍のエジプト占領による「西欧の衝撃」をきっかけに、イスラム教諸国では、**西欧をモデルとした近代化（西洋化）**がはじまりました。

エジプトは、総督についたムハンマド・アリーが独自の王朝を建て、ヨーロッパの技術を積極的に取り入れて近代化し、やがてオスマン帝国から独立します。

そのオスマン帝国も、ギリシアとエジプトの独立を許したことから（１８３０年・１８３１年）、「タンジマート」（恩恵改革）という改革に取り組み、行政・法制・教育などあらゆる分野で近代化をすすめました。

こうした近代化路線の一方で、イスラム世界ならではの潮流もあらわれました。それが**「イスラム復興運動」**です。これは**「もう一度イスラム本来の信仰を取り戻そう」**という運動です。その1つの重要な動きとしては、18世紀の**ワッハーブ運動**があります。

当時のアラビア半島は、スーフィズム（P255）の影響で聖者崇拝や聖石崇拝など、イスラム教の教義に反した偶像崇拝がはびこっていましたが、アラビア半島のネジュド生まれのワッハーブ（1703～92）はこれを批判し、あのムハンマドと同じように、偶像を破壊する活動を興しました。彼は、「預言者ムハンマドの時代の純粋な信仰に戻れ」と主張しました。やがて、その教えに共鳴した豪族のサウードとともにワッハーブ王国を作りました。ワッハーブ王国はその後、アラビア半島を支配し、最終的にはサウード家によるサウジアラビア王国の建国に結びついています（1932）。

19世紀には、アフガニー（1838～97）という人物が活躍しました。アフガニーは、イラン出身ですが、アフガニスタン出身を自称しています。彼の主張は、イスラム教の原点に全面的に回帰するというよりは、「いまの時代にそぐわない部分は改め、自ら強化し、統一的なイスラム国家の復活をめざそう」というものでした。彼は、各国をまわってネットワーク作りに励みました。こうしたイスラム復興運動の流れは、20世紀になると、**「イスラム原理主義」**の運動へと連なっていきます。

シャーリアに基づく国家建設をめざす

「イスラム原理主義」の存在がはっきりと認められてきたのは１９７０年代です。

戦後のイスラム諸国は、それぞれ独立して近代化を進めるなかで経済発展をめざしていきましたが、失業問題やインフレ、貧富の格差などさまざまな問題が噴出してきました。

そこで近代化に代わるものとして着目されたのがイスラム原理主義でした。イスラム原理主義とは、簡単にいえば、欧米のようなスタイルで経済発展をめざすのではなく、**「イスラム法（シャーリア）にもとづくイスラム国家の建設をめざす政治運動」**です。

資本主義でも社会主義でもない、新たな第三極として、イスラム教をもとにした国家像を模索する、ということになります。

ちなみに、「原理主義」はキリスト教のほうが先で、原点に戻るキリスト教徒の運動をイスラム教にあてはめて呼んだものが「イスラム原理主義」でした。

イスラム原理主義運動によって起こったイラン革命

アメリカの支援を受けた
パフラヴィー皇帝が
近代化政策を推し進めていた

↓

しかし、そのやり方にウラマー（イスラム法学者）や
知識人、労働者が反発を強めた

神の法に基づく
政治を行うべきだ

**ホメイニ師は皇帝を追放し
イスラム法を施行するイスラム国家を樹立した**

イスラム原理主義の萌芽としては、1928年にハサン・バンナーがエジプトで創設したムスリム同胞団に見ることができます。ムスリム同胞団は、「シャーリアにもとづいた社会・国家の実現」をめざしていました。

エジプトにおいてその理想が実現されることはありませんでしたが、一部過激化したイスラム同胞団は存在感を増し、戦後エジプトの政治に多くの影響を与えています。

アメリカを排除したイラン革命

国をまるごとイスラム化するというイスラム原理主義の運動は、ほかのイスラム諸国でも起きていましたが、なかでも顕著な成功事例として世界にインパクトを与えたのが**イラン革命**です。

戦後のイランは、アメリカの支援を受けた**モハンマド・レザー・パフラヴィー皇帝**が「白色革命」と呼ばれる近代化政策を推し進めていました。しかしその独断的なやり方に、ウラマー（イスラム法学者）や知識人、労働者が反発を強めました。

そんな彼らの先頭に立ったのが、十二イマーム派の有力な法学者だった**ホメイニ師**（１９０２〜８９）です。彼は**「人間の法」ではなく「神の法」にもとづく政治体制を築くこと**を唱えました。「神の法」による国ですから、国の最高指導者にはそれを監督できる「聖法学者」がつくことを意味します。

１９７９年、民衆に支えられたホメイニ師は皇帝を追放し、シャーリア（イスラム法）を施行するイスラム国家を樹立しました。そして自ら最高指導者の地位につきました。これがイラン革命です。アメリカの影響力を排除し、イスラム国家を誕生させたことは、イスラム世界を勇気づけ、これをきっかけに、イスラム原理主義の運動はますます高まりました。

しかし一方で、一部に過激派と呼ばれるグループがあらわれ、**「イスラム原理主義＝テロリズム」というネガティブなイメージ**が広まってしまったのも事実です。

【「ジハード＝防衛のための闘い」の悪用】

イスラム教とテロリズム

Islam No.16

ジハードにはルールがある？

中東のテロのニュースなどでよく耳にする言葉に**「ジハード」**があります。ジハードは**「聖戦」**と訳されますが、もともとは**「努力・奮闘」**という意味です。

「ジハード」は、ムスリムの信仰と義務の六信五行には入っていませんが、ムスリムとして重要な心構えであり、『コーラン』には、「アッラーの道のために、限りをつくし、奮闘努力しなさい」（22章78節）とあります。

では何を努力するのか？　1つは、外からの異文化の流入で引き起こされる、個人の堕落や怠慢、腐敗との戦いです。もう1つは、外からの不当な干渉や軍事的圧力に対する戦いです。こうした非暴力・暴力の攻撃からイスラム共同体を「守る」ことが、ジハードです。ジハードとは、**「防衛のための闘い」が基本スタンス**です。ジハードの啓示は、ムハンマドのヒジュラ（P218）の直後にありましたが、自らの命を守るためにはどうしても戦わざるをえないときがあるので、「防衛のための闘い」を許したと考えられます。

「防衛のための闘い」ということは、『コーラン』にはっきり書かれています。

「汝らに戦いを挑む者があれば、アッラーの道において堂々とこれを迎え撃つがよい。だがこちらから不義を仕掛けてはならぬぞ。アッラーは不義なす者どもをお好きにならぬ」（2章190節）

さらに『コーラン』では、戦いについての細かなルールを設けて、暴力の暴走に予防線をはりました。具体的には、「暴力や攻撃への反応は相応でなくてはならない」「敵を撃退するために必要な分だけの力を用いる」「罪のない一般市民を標的にしてはならない」「ジハードは支配者や国家元首が宣言しなければならない」などというものです。

ところが現実はどうでしょうか？　こうしたルールを無視して、あやまった「聖戦」を唱えた恐ろしいテロリズムが横行しています。

イスラム教のジハードとは？

アッラーの道のために
限りをつくし奮闘努力しなさい

＝

・堕落や腐敗との戦い　・軍事的圧力に対する戦い

↓

本来はこれらから共同体を「守る」ことがジハード

しかし、現在は拡大解釈されテロリズムが横行している

『コーラン』は、防衛のための聖戦しか認めていません。**テロという非合法の暴力を容認していないし、求めてもいない**ことは、確認しておくべきでしょう。

アリー暗殺から9・11へ

じつは、イスラム共同体は当初からテロリズムに直面してきました。主なテロ集団を見ておくと、現代社会に起きる事件の背景がよくわかります。

第4代カリフのアリー（P250）が暗殺されましたが、これは身内で起きたテロです。暗殺したのは、ハワーリジュ派という過激派でした。

ハワーリジュ派は、もともとアリーを支持していましたが、アリーがウマイヤ家からの調停案を受け入れたことに納得できず、アリー暗殺に及びました。ハワーリジュ派は、現在も南アラビア、アフリカ東海岸沖の島ザンジバルなどにいます。

また、イランのシーア派のイスマーイール派には、ニザール派というのがいます。ニザール派は、エジプト・ファーティマ朝の後継者争いで1096年に暗殺されたニザールの子孫を正統な後継者と考えています。

このニザール派は、大麻（シハーヒ）を用いて暗殺をすることを得意としていたため、12世紀に侵攻してきた十字軍によって「アサッシン（大麻集団）」と呼ばれました。アサッシン集団は、中東全体にその範囲を広げ、いまもさまざまな分派を作り活動しています。

現代に入り、1982年、イスラエルがレバノンに侵攻したとき、イラン革命（P253）の防衛隊2000名がレバノンに入り、敵対者へのテロを展開しました。これが**「ヒズボラ（神の党）」**という過激集団になりました。ヒズボラは、たんなる軍事組織ではなく、政治組織ももち、レバノン政局に影響力をもっています。

そして、9・11によってあまりにも有名になったのが、**アルカイダとタリバン**です。

1979年、アフガニスタンがソ連の侵攻を受けましたが、このときイスラム側は「ジハード」を宣言して、アラブ諸国から義勇兵が参加しました。そのなかにいたのが、サウジアラビアの**ウサマ・ビンラディン**です。

1989年にソ連は撤退。この年にアルカイダ（宗教的にはワッハーブ派の流れを汲む）を結成したビンラディンはサウジアラビアに戻りました。

一方、アフガニスタンには「タリバン」（もとは「神学者」という意味）政権が誕生しました。タリバンはもともと、ソ連に対抗するためにアメリカが支援して生まれた組織です。

1990年、イラクがクウェート侵攻を開始（湾岸戦争）。ビンラディンはアラブ義勇軍を募ってこれを撃退しようとしましたが、サウジアラビア国王はアメリカに援助を求めました。しかもアメリカ軍は、戦争が終わってもサウジアラビアに駐留し、中東支配の拠点としました。

これを批判したビンラディンは、1994年に国外追放となり、アフガニスタンのタリバンと結びつきました。アメリカへの恨みを募らせたビンラディンは、ここからテロ攻撃を次々に仕掛けていったのです。1998年8月にはケニアとタンザニアのアメリカ大使館爆破事件を、そして2001年9月11日にニューヨークで大規模な無差別テロを仕掛けたとされています。

【イギリスの二枚舌が原因だった？】

パレスチナ問題

Islam No.17

イギリスの二重外交

イスラム世界で戦後の大きな火種となっているのが、**パレスチナ問題**です。この問題、そもそもの原因は、**イギリスの二重外交**（あるいは三重外交）にありました。

歴史を遡って、ローマ帝国時代のエルサレム。２度の戦争（66年：第１次ユダヤ戦争、１３２年：第２次ユダヤ戦争）でローマ軍に抵抗したユダヤ人たちは壊滅的な打撃をうけ、国そのものがなくなってしまいました。

あちこちへ離散したユダヤ人は、キリスト教徒などの迫害を受けながらも信仰を受け継い

パレスチナ問題の端緒はイギリスにあった

第一次大戦中にイギリスが…

アラブ人に		ユダヤ人に
アラブ独立王国の王座を贈る		ユダヤ人国家の建設を支持する

この二重外交が現在の複雑な問題を生んだ

国際連合パレスチナ難民救済事業機関によると 2008 年6月末の時点で 500 万人近い難民がいるとされる

でいきました。近代になって、金貸業で富を蓄え発言力を強めると、「パレスチナに移住してユダヤ人の国家を建てよう」という運動を起こします。これが**「シオニズム」**です。エルサレムの丘の名前が「シオン」なので、シオンの丘へ登る運動＝シオニズムです。

さて、第一次世界大戦が起きます。

イギリスはこのとき、オスマン帝国の領土を狙っていました。

１９１５年、イギリスはアラブ地域の指導者で預言者ハーシム家（Ｐ２５０）の末裔にあたるフサインとある約束（フサイン・マクマホン協定）を交わします。

「対オスマン帝国の反乱を起こすことを条

件に、戦後のアラブ独立王国（そこにはパレスチナも含まれる）の王座を贈る」というものです。ちなみに、このときにアラブ反乱軍のなかに送り込まれたのが、イギリス陸軍省のロレンス（＝アラビアのロレンス）でした。

またイギリスは、ユダヤ人に対しては、「パレスチナにユダヤ人国家を建設することを支持する」と宣言（バルフォア宣言、1917年）しました。こう言うことで、ユダヤ資本から戦費を調達したのです。

つまりイギリスは、**アラブ人とユダヤ人の双方に「パレスチナの領土を与える」という約束をしていた**のです。

ユダヤ人が入植して国家誕生

それどころかイギリスは、**フランス、ロシアとも密約**を結び、オスマン帝国がもっていた中東の勢力圏を、英仏露の三国で分割することも約束していました（サイクス＝ピコ協定）。

実現したのは第3の約束で、戦後、パレスチナはイギリスが統治していました。そこへ、ユダヤ資本の援助を受けたユダヤ人がどんどん流入し、1930年代にナチスの迫害がはじまると、ユダヤ人の移住は加速しました。

第2次世界大戦中、イギリスはユダヤ人の入植をブロックしようとしますが、これに反発したユダヤ機関は武力行使に出て、アラブ人も標的となり混乱に陥ります。

手を焼いたイギリスは、最終的に**国連にパレスチナを一任**しました。1947年、国連の決議によって、ユダヤ人の国（イスラエル）とアラブ人の国の分割が決定しました。

この決定に納得しないアラブ連盟は数万の軍を送り込み、第1次中東戦争が勃発します。しかし、近代化におくれたアラブ軍は劣勢で、逆にイスラエルはパレスチナの8割を支配してしまいました。パレスチナ人は追放され、100万人が難民となりました。

武装化するパレスチナ人

戦後、軍事国家としてスタートした**イスラエルの後ろ盾となったのは、アメリカ**です。アメリカ議会は、在米ユダヤ人のロビー組織「アメリカ・イスラエル公共問題委員会」（AIPAC）によってあやつられ、イスラエルには巨額の軍事資金が流れ込みました。

イスラエルと中東諸国（主にエジプト）のあいだの中東戦争は全部で4回起きていますが、

いずれもイスラエル優位で終わっています。アメリカ支援の充実した軍事費がイスラエルを強国に育て上げていたのです。

一方、追放されたパレスチナ人は黙っていません。1964年に**「パレスチナ解放機構（PLO）」**を組織し、「パレスチナ人の国をつくる」という目標を掲げます。やがて、アラファトの指導のもとで過激化し、各地でテロを起こしたり、居住地のヨルダンやレバノンでは内戦を引き起こしました。

しかし、80年代後半からPLOは現実路線に転じます。パレスチナ全部を取り戻すのはもはや難しそうだから、ヨルダン川西岸地区とガザ地区を中心とした地域に独立国家を建てて、イスラエルとは平和共存をめざす、という方向を模索します。

これが1993年のオスロ合意に結びつきます。

イスラエルのラビン首相とPLOのアラファト議長が相互に承認し、パレスチナ人の暫定自治樹立で合意しました。

ところが、1995年にラビン首相がユダヤ教急進派によって暗殺され、オスロ合意は破綻しました。さらに、オスロ合意を望まないパレスチナの人々から**ハマス（イスラム抵抗運動）**と呼ぶ武装集団が生まれます。ハマスは、イスラエルの存在そのものを認めません。

ハマスは、イランやシリアの支援を受けて活動をつづけ、一時はパレスチナ自治政府の政権をとりました。近年は穏健派のファタハ（パレスチナ自治政府主流派）と協調していますが、ハマスをテロ組織と見なす国際社会との交渉はすすまない状況になっています。

大きな流れとしては、パレスチナは国として認められる方向で、国連では「国家」の扱いを受けるようになっています。

おわりに

ブッダは、現世で悟りを開いて「仏」になることを説いてまわって、それがのちに「仏教」となりました。イエスは、律法を守れないためにしいたげられていた庶民を救うためにユダヤ教内部で活動して、それがのちに「キリスト教」となりました。

仏教とキリスト教は、創始者のなかに新しい宗教を興す意図がありませんでした。「宗教」という形にまとめたのは、弟子や使徒などの後継者たちです。

一方のイスラム教は、創始者ムハンマドの時代から戦略的だったといえます。一神教のキリスト教をアラブ人向けに焼き直して、さらに軍事力も備えた共同体を前提として発展しました。

こうして生まれた三大宗教ですが、「はじめに」でもふれたように、最終的には「だれでも入信できる」という窓口の広さがウケました。それは庶民にとってよかっただけでなく、権力者にとってもよかったのです。

「だれでも入信できる」というとき、実質的にターゲットは「弱者」になっています。つまり、「どんな不幸な人でも救われる」ということです。

このとき権力者の側からいうと、宗教が「人々の不満を抑え込むための都合のいいツール」となります。

拙著『図解　いちばんやさしい哲学の本』（彩図社）で、ニーチェの考えとして、「キリスト教がやったことというのは、弱者の発想を固定したことでした。この世では目の前の秩序をうけいれることで、現実的な可能性を奪い取り、あの世（神の審判のあとの）の生において救いがえられる、幸せがえられるとした」と紹介しましたが、かつての宗教には、庶民がもつ現世の不満を抑え込む機能があったのです。

宗教性が希薄になったといわれる現代でそうした機能を担っているものは何なのか……。考えてみるのもおもしろそうです。

最後に、本書をまとめるにあたり、彩図社の本井敏弘さまには大変お世話になりました。日頃のご理解とご助力に心から感謝いたします。

２０１９年３月　沢辺有司

主要参考文献

『ブッダの教え　仏教２５００年の流れ（アジアをゆく）』（山折哲雄、大村次郷、集英社）
『現代語訳　般若心経』（玄侑宗久、筑摩書房）
『ブッダの教えと仏教のことがわかる本』（永田美穂、新人物往来社）
『仏教詳解』（宇野正樹ほか、学研パブリッシング）
『ブッダとムハンマド』（保坂俊司、サンガ）
『新約聖書　共同訳全注』（共同訳聖書実行委員会、講談社）
『一神教の誕生―ユダヤ教からキリスト教へ』（加藤隆、講談社）
『はじまりのキリスト教』（佐藤研、岩波書店）
『キリスト教を知る事典』（高尾利数、東京堂出版）
『天国と地獄の百科』（ジョルダーノ　ベルティ、竹山博英・柱本元彦訳、原書房）
『図解　これだけは知っておきたいキリスト教』（山我哲雄編著、洋泉社）
『よくわかるキリスト教』（土井かおる、ＰＨＰ研究所）
『これならわかるキリスト教とイスラム教の歴史Ｑ＆Ａ』（浜林正夫、大月書店）
『総図解　よくわかる聖書とキリスト教』（前島誠監修、新人物往来社）
『コーラン　上』（井筒俊彦訳、岩波書店）
『コーラン　中』（井筒俊彦訳、岩波書店）

『コーラン　下』（井筒俊彦訳、岩波書店）
『イスラム教史　世界宗教史叢書5』（嶋田襄平、山川出版社）
『イスラム教入門』（中村広治郎、岩波書店）
『イスラーム教「異端」と「正統」の思想史』（菊地達也、講談社）
『イスラーム世界の基礎知識』（ジョン・L・エスポジト、山内昌之監訳、原書房）
『イスラーム教を知る事典』（渥美堅持、東京堂出版）
『イスラームを学ぼう』（塩尻和子、秋山書店）
『国際理解を深める世界の宗教3　イスラム教』（清水芳見監修、ポプラ社）
『詳説世界史研究』（木下康彦ほか編、山川出版社）
『世界六大宗教101の常識―世界の宗教の教義と歴史が面白いほどよくわかる』（大澤正道、日本文芸社）
『決定版！　世界の宗教がとてもよくわかる本』（宗教と神々を研究する会編、廣済堂出版）
『知らないと恥をかく世界の三大宗教』（加藤智見監修、ＰＨＰ研究所）

■ 著者紹介

沢辺有司（さわべ・ゆうじ）

フリーライター。横浜国立大学教育学部総合芸術学科卒業。

在学中、アート・映画への哲学・思想的なアプローチを学ぶ。編集プロダクション勤務を経て渡仏。パリで思索に耽る一方、アート、旅、歴史、語学を中心に書籍、雑誌の執筆・編集に携わる。現在、東京都在住。

パリのカルチエ散歩マガジン『Piéton（ぴえとん）』主宰。

著書に『図解　いちばんやさしい哲学の本』『図解　いちばんやさしい古事記の本』『図解　いちばんやさしい地政学の本』『ワケありな映画』『ワケありな名画』『ワケありな本』『ワケありな日本の領土』『封印された問題作品』『音楽家100の言葉』『吉田松陰に学ぶ　リーダーになる100のルール』『西郷隆盛に学ぶ　最強の組織を作る100のルール』（いずれも彩図社）、『はじめるフランス語』（学研教育出版）などがある。

図解　いちばんやさしい三大宗教の本

2019年3月14日 第1刷

著　者　沢辺有司

発行人　山田有司

発行所　株式会社　彩図社
東京都豊島区南大塚3-24-4
MTビル　〒170-0005
TEL:03-5985-8213　FAX:03-5985-8224
http://www.saiz.co.jp
https://twitter.com/saiz_sha

印刷所　新灯印刷株式会社

　ISBN978-4-8013-0357-7 C0114

本書は、2014年4月に小社より刊行された『図解　いちばんやさしい三大宗教の本』を加筆修正の上、文庫化したものです。